LEVÁNTATE, OH DIOS

El evangelio del triunfo de Cristo sobre los demonios, el pecado y la muerte

I0542881

ANDREW STEPHEN DAMICK

ANCIENT FAITH PUBLISHING
CHESTERTON, INDIANA

Publicado por:
    Ancient Faith Publishing
    Una división de Ancient Faith Ministries
    1050 Broadway, Suite 14
    Chesterton, IN 46304

Publicado en inglés como *Arise, O God: The Gospel of Christ's Defeat of Demons, Sin, and Death.* © 2021 por Andrew Stephen Damick
    Ancient Faith Publishing
    Una división de Ancient Faith Ministries
    1050 Broadway, Suite 14
    Chesterton, IN 46304

Traducción al español: Jorge Ostos

ISBN: 978-1-955890-40-3

Para Evangelia

y

*a la memoria de
Sandy Damick
(1953–2014)*

Índice

Dios se levanta en la asamblea divina;
en medio de los dioses ejerce el juicio:

"¿Hasta cuándo juzgarán injustamente
y entre los impíos harán distinción de
*   personas?*

Rescaten al necesitado y al huérfano;
hagan justicia al pobre y al indigente.

Libren al necesitado y al menesteroso;
líbrenlo de la mano de los impíos.

Ellos no saben ni entienden; andan en
*   tinieblas.*
¡Todos los cimientos de la tierra son
*   conmovidos!*

Yo les dije: 'Ustedes son dioses;
todos ustedes son hijos del Altísimo'.
Sin embargo, como un hombre morirán
y caerán como cualquiera de los gobernantes".

¡Levántate, oh Dios;
juzga la tierra porque tú poseerás todas las
*   naciones!*

Salmo 82

Prefacio

Escribir un libro sobre el evangelio puede ser el colmo de la arrogancia. Sin embargo, no lo escribo porque crea tener una revelación especial. Más bien, me parece que es necesario expresar el carácter y el contenido del evangelio de una manera cristiana ortodoxa que pueda ser entendida por los lectores modernos y que no esté disponible actualmente.

A lo largo de los años, a medida que luchaba por encontrar una forma de expresar el evangelio como parte de mi labor de pastor, maestro y comunicador, sabía que en algún momento tendría que compilar estos pensamientos en un todo coherente. No pretendo que este libro sea la única manera de presentar el evangelio ni la última palabra al respecto. Sin embargo, es la mejor manera que tengo de entenderlo y, en muchos aspectos, representa una importante corrección o ampliación de la forma en que lo he entendido en el pasado.

Entonces, ¿a quién va dirigido este libro exactamente? Por supuesto, me gustaría decir «a toda la humanidad», pero creo que este libro es más adecuado para tres grupos de personas: (1) los que no están familiarizados o están poco familiarizados con lo que es el cristianismo, (2) los que están siendo catequizados (formados para ser cristianos) dentro de las iglesias, y (3) los que han sido catequizados y quieren profundizar en su fe cristiana.

Espero que este libro sea una herramienta en manos de los papás, del clero, de los catequistas y de los seminaristas, y también espero que pueda sostenerse por sí solo bastante bien sin mucha contextualización. No pretende ser una catequesis completa, sino más bien estimular al lector hacia la catequesis. En resumen, este libro aborda por qué alguien *querría* ser catequizado.

Una nota para los no cristianos: En este libro, verá muchas referencias a pasajes de la Biblia (por ejemplo, «Jn. 3, 16»). Comprendo que no consideren la Biblia como una autoridad en el sentido en que lo hacen los cristianos, pero estas referencias están ahí para ayudar al lector a profundizar en determinados contenidos.

Una nota para todos: escribo (lo mejor que puedo) desde el punto de vista de la Iglesia ortodoxa, pero no considero que el contenido de este libro sea la «versión» ortodoxa del evangelio de Jesucristo. Es simplemente el evangelio. El evangelio no tiene versiones.

Todos los errores aquí son míos. Agradezco la corrección y pido sus oraciones.

P. Andrew Stephen Damick
Emmaus, Pensilvania
Anunciación 2021

¿Qué no es el evangelio?

*«Disculpe, pero ¿tiene un minuto
para hablar de nuestro Señor
y Salvador Jesucristo?»*

Aunque no tengas experiencia alguna con el cristianismo, probablemente hayas oído la palabra *evangelio*, y es muy posible que hayas oído que tiene algo que ver con «ser salvo». Así que el evangelio es algo que se escucha y se compra si se quiere ser salvo. Aquí, en los Estados Unidos del siglo XXI (mi contexto), el evangelio, tal como se predica y se entiende generalmente, es esencialmente una especie de argumento de venta, y el producto que se anima a comprar es la vida eterna.

Para la mayoría de las personas, esto es como luce la predicación del evangelio. No es de extrañar, por tanto, que mucha gente no preste atención a los argumentos de venta. En el mundo desarrollado, somos el objetivo de cientos de anuncios cada día, y todo lo que se anuncia —desde la pasta de dientes hasta el servicio telefónico o el reparto de tacos a domicilio— promete, si no la vida eterna, al menos cambiar tu vida.

Ahora todo es «lo mejor del mundo», al menos desde lo último mejor. Si nos creyéramos todos los anuncios que vemos y oímos, podríamos tener una experiencia de conversión varias veces al día. No es de extrañar que el evangelio de tipo argumento de venta sea fácil de ignorar y que la religión que lo acompaña sea a menudo el blanco de las bromas.

Quiero empezar hablando de lo que *no* es el evangelio, porque quiero dejar claro que este libro no trata de lo que suele llamarse «el evangelio» en nuestro tiempo y lugar. Este libro *no* trata del argumento de venta. Pero creo que tenemos que entender lo que comunica el evangelio de tipo argumento de venta y de dónde viene para que al menos no lo confundamos con el verdadero.

La Biblia, que es un testigo del evangelio, se refiere a él como «el poder de Dios» (Rom. 1, 16), un «misterio» (Ef. 6, 19) y «la palabra de verdad» (Col. 1, 5). No es algo tan trivial como un producto que se lanza, se compra y se vende.

La actividad económica no siempre es trivial, por supuesto, pero el acto de *comercialización* —comunicar de una manera diseñada para provocar la compra— hace algo a nuestra percepción de lo que se comercializa. Sugiere que el producto está bajo nuestro control.

Si se comercializa algo para mí, se está comunicando implícitamente que esa cosa está sujeta a mi elección, a mis deseos. Tanto si lo dejo de lado como si lo acepto, es porque yo soy lo más importante. Soy el consumidor. Soy el cliente. Y el cliente siempre tiene razón.

Cuando se comercializa la religión, tenemos la sensación de ser manipulados, de ser engañados. Incluso he visto monedas falsas (en grandes denominaciones, por supuesto), dejadas como una propina para el personal de servicio en un restaurante, que resulta ser un tratado religioso cuando se le da la vuelta. Quienquiera que haya diseñado ese folleto realmente imaginó que era una buena idea hacer creer a alguien que estaba recogiendo dinero, pero en lugar de ello le hacía una propuesta comercial engañosa y manipuladora.

Y cuando el producto es la vida eterna, esa sensación de manipulación aumenta de forma comprensible: ¿Se supone que debo renunciar a mi tiempo, mi esfuerzo y mi dinero, por no mencionar posiblemente a mis amigos, mi familia o mi posición social —y en algunas circunstancias, mi libertad o incluso mi vida— a cambio de algo que no obtendré hasta después de muerto? Esa letra pequeña de «Sin devoluciones ni cambios» suena especialmente siniestra.

¿No es de extrañar que la predicación del evangelio en el mundo del siglo XXI resulte a menudo aburrida, controladora y falsa? ¿No es de extrañar que llamar al evangelio «buenas noticias» pueda suscitar burlas?

Al menos, el vendedor que me vende una aspiradora tiene algo sólido y material en sus manos que resolverá uno de mis problemas cuando la encienda. Y si vende un producto defectuoso, siempre puedo denunciarlo a la Oficina del Consumidor. Pero, ¿a quién se le puede reclamar por un producto espiritual defectuoso?

¿Cómo se convirtió el evangelio en un argumento de venta?

¿Cómo hemos llegado hasta aquí? ¿Por qué se entiende ahora el evangelio como un intercambio económico, de modo que la forma adecuada de animar a la gente a realizar ese intercambio es comercializarlo?

No voy a profundizar aquí en los detalles históricos y doctrinales (si estás interesado en eso, véase mi libro *Orthodoxy and Heterodoxy*), pero la versión corta es esta: En el siglo XVI, la principal pregunta religiosa que se hacía el nuevo movimiento cristiano llamado Reforma protestante era: «¿Qué debo hacer para ser salvo?» Es una buena pregunta, y es una pregunta que se hace en la propia Biblia (Hch. 16, 30). Pero esa pregunta y su respuesta no son lo que es el evangelio, no según la Biblia y ciertamente no en la forma en que la Biblia fue entendida durante la mayor parte de la historia cristiana.

Si se lee atentamente la narrativa bíblica, se verá que la pregunta loable es una *respuesta* al evangelio que se predica. No es en sí misma el evangelio. Y la respuesta a esa pregunta tampoco es el evangelio. Entonces, ¿qué sucede con el evangelio cuando haces que esa pregunta y su respuesta sean el *contenido* del evangelio y no la *respuesta* a él?

Cuando se define el evangelio con la pregunta «cómo ser salvo», el evangelio se desplaza al ámbito de la *búsqueda individual de la salvación*. Y si convertirse en cristiano y serlo (lo que se hace cuando se cree en el evangelio) es una búsqueda individual, entonces convencerme de por qué necesito estar en esa búsqueda (¿qué es el pecado y cómo se puede solucionar?), y explicar cómo es la búsqueda correcta, requerirá finalmente una especie de argumento de venta.

¿Por qué? Porque el evangelio se ha convertido en un problema individual y en la solución individual a mi problema. Así que si estoy de acuerdo en que tengo un problema y luego estoy de acuerdo con la solución, necesito comprometerme con lo que se necesita para obtener esa solución.

Casi todos los anuncios siguen naturalmente ese patrón: Dígale al cliente que tiene un problema (que tal vez no sabía que tenía), dígale la solución a su problema, y luego anímelo a comprarle la solución.

A esta individualización del evangelio se suma el carácter transaccional de la forma en que se concibió el problema en la época de la Reforma (tanto para los protestantes como para los católicos): La justicia divina de Dios tiene que ser satisfecha, por lo que los seres humanos tienen que aportar algo —buenas obras, creencia pura, participación sacramental, etc., dependiendo de la teología de cada grupo— para obtener la salvación a cambio.

Los posteriores movimientos revivalistas en el protestantismo estadounidense hicieron uso de técnicas emocionales para presionar al potencial converso a tomar una *decisión* individual por Cristo. Esta decisión llegó a considerarse el momento clave en el que alguien se convertía en cristiano y (en muchas teologías) se consideraba lo que les ponía en camino hacia la vida eterna en el cielo.

Estas técnicas emocionales no se consideraban en absoluto deshonestas, sino que se consideraban una predicación evangélica adecuada que ayudaba a la gente a ver cuál era su problema y que Jesús era la única solución. Y estas técnicas acabaron utilizándose para anunciar todo tipo de productos que no tenían ninguna relación particular con el cristianismo.

Podría decir mucho más aquí sobre los detalles de cómo funcionan estas teologías en las comunidades particulares, pero, para nuestros propósitos aquí, basta con decir que esta es la historia de cómo llegamos a donde estamos ahora. Tal y como se entiende generalmente en la cultura, el evangelio es una especie de producto, y los cristianos son básicamente los clientes de Jesús (o, si se es realmente cínico, de los líderes religiosos). Estos clientes dan su tiempo, su talento y su tesoro —y en casos más extremos, su libertad o su vida— y, a cambio, van al cielo después de morir.

Creo que esta concepción del evangelio es sencillamente errónea, y la mayor parte del resto de este libro se dedicará a describir lo que es realmente el evangelio. La última sección tratará sobre la respuesta al evangelio. Espero que en este punto quede claro que la respuesta no es lo que es el evangelio, y ni siquiera se trata de cada uno de nosotros como individuos.

«¿Cómo soy salvo?» no es el evangelio. Y «Entonces, ¿te gustaría ser salvo?» no es predicar el evangelio.

Este libro no es un argumento de venta. Espero que, en cambio, sea una auténtica y verdadera proclamación del evangelio. Es importante cómo respondas o si respondes a él, pero no voy a hacer un propuesta comercial al final.

Saber lo que es el evangelio y ser capaz de enseñarlo a otra persona no requiere que conozcas todo lo que hay en este libro. Pero al final del mismo, deberías saber qué es *un* evangelio, *por qué* hay un evangelio, qué es *el* evangelio y cuál es la *respuesta* que requiere.

CAPÍTULO 1

¿Qué es un evangelio?

Y sé que cuando vaya a ustedes, llegaré con abundancia de la bendición del evangelio de Cristo. (Rom. 15, 29)

Cerca de los albores del siglo I, un albañil golpeaba con su martillo y su cincel una roca en Priene, una ciudad situada en la costa suroeste de la provincia romana de Asia (actualmente en el suroeste de Turquía). Al abrigo de la brisa marina del Egeo oriental, estaba escribiendo un largo texto evangélico en griego antiguo, grabándolo en la piedra para que todos los alfabetizados se detuvieran, leyeran, creyeran y obedecieran.[1]

---

1 Para más detalles sobre el sentido romano de *evangelia*,

Sin embargo, no era la primera vez que la ciudad de habla griega de Priene escuchaba este evangelio. Antes de que nuestro antiguo albañil comenzara su trabajo, un heraldo romano había entrado en la ciudad, abrió un pergamino y comenzó a predicar el evangelio.

Este evangelio hablaba del nacimiento de un salvador, que la providencia había dispuesto que estuviera lleno de virtudes en beneficio de toda la humanidad. Este salvador, entregado a los que escuchaban el evangelio y a sus descendientes, ponía fin a todas las guerras. Si no hubiera sido por él, el mundo entero habría encontrado su ruina.

Sus benefactores fueron mayores que los de todos los benefactores anteriores, y nadie superaría jamás lo que él había hecho. El nacimiento de este divino fue, por tanto, el comienzo de la buena nueva (*evangelia*) para todo el mundo. Su nacimiento se celebraría como un cambio fundamental en todo el orden del cosmos. Sin embargo, este anuncio no era el evangelio de Jesucristo. Era el año 9 a.C., y se trataba del evangelio de

incluida la inscripción de Priene, véase N. T. Wright, *Paul and the Faithfulness of God* (Minneapolis: Fortress Press, 2013), págs. 325–328.

Augusto César, el primer emperador del Imperio Romano.

Evangelio es un género precristiano

Antes de llegar al contenido *del* evangelio, es decir, el evangelio de Jesucristo y su Reino, debemos discutir lo que significa la palabra misma. Es decir, ¿qué es *un* evangelio?

En nuestro tiempo, *evangelio* es una palabra religiosa. También se utiliza de forma metafórica, refiriéndose a algo que debe ser creído como «la verdad del evangelio», sea cual sea su contenido. O podemos referirnos a algo en lo que la gente cree de forma apasionada como su «evangelio», por ejemplo, «el evangelio de la economía libertaria». Pero esto se entiende como metáforas, y *evangelio* en su uso literal es ahora un término religioso, específicamente cristiano.

Así entendía yo *evangelio* cuando crecía. Hasta bien entrada la edad adulta no supe que *evangelion* —la palabra griega utilizada en el Nuevo Testamento que se traduce al español como «evangelio»— tenía en realidad un origen precristiano e incluso (en cierto sentido) no religioso. (En el mundo antiguo, sin embargo, la religión no podía separarse realmente de todo lo demás). Literalmente, *evangelion* significa «buena noticia», pero en su uso antiguo real significaba más que eso. La etimología no agota la forma en que se entendía la palabra cuando los apóstoles la utilizaban en el Nuevo Testamento. Podemos tener la tentación de fijarnos en la etimología de una palabra o en el significado de sus partes constituyentes y pensar que tenemos su significado cerrado.

Pero consideremos una palabra castellana como *desayuno*, que en un tiempo se refería literalmente a la ruptura del ayuno, es decir, del ayuno que uno había mantenido desde que se fue a dormir. Pero ahora nadie utiliza la palabra de esa manera. El *desayuno* es simplemente la comida de la mañana, la primera comida del día, y casi nadie se levanta y piensa: «He estado ayunando. Es hora de romper el ayuno».

O consideremos la palabra inglesa *butterfly* [mariposa]. Etimológicamente, la parte *butter* [mantequilla] podría provenir del color de ciertas especies de mariposas. O podría derivar de la creencia popular de que este insecto robaba mantequilla. Pero *butterfly* no tiene que ver con la mantequilla—ni mucho menos con alguna mosca [*fly*]. Todos los angloparlantes saben lo que es una *butterfly*, ¡y no es porque hayan combinado moscas con mantequilla! (Y por supuesto, podríamos complicarlo aún más mencionando la frase *mariposas en el estómago*).

La razón por la que sabemos lo que significan *desayuno* en español y *butterfly* en inglés es que esos términos son de uso común. La mayoría de los hablantes de esas lenguas los usan todo el tiempo, y saben lo que significan por la forma en que los usan. La situación con *evangelion* en el tiempo de Jesús es la misma. Aunque *evangelion* en sus dos partes se traduce literalmente como «buenas noticias», no podemos asumir que esa frase agota lo que significa el término. ¡Ciertamente, el evangelio de Jesucristo es una buena noticia! Y es bueno que los cristianos reflexionen sobre lo que significa que el evangelio sea una buena noticia. Pero ese no es todo su significado, ni siquiera la mayor parte. Y si pensamos que *evangelion* es sólo una buena noticia (incluso la mejor noticia de todas), corremos el riesgo de caer en ese argumento de venta: *¡Tengo buenas noticias para ti!*

Resulta que *evangelion* tenía un significado popular y técnico en el contexto grecorromano del siglo I, un significado específico que todo el mundo entendía en aquella época y lugar. Habían oído muchas evangelia en su época. Un evangelion era un tipo de «buena noticia», pero era un género específico con un tipo de contenido específico.

Cuando los escritores de los Evangelios cristianos —Ss. Mateo, Marcos, Lucas y Juan— se referían a sus obras como *evangelios*, no decían simplemente que estaban escribiendo libros sobre una buena noticia. Eligieron la palabra *evangelion* y pretendían con ella lo que el mundo que les rodeaba ya había estado utilizando. ¿Qué quería decir el resto del mundo con ella?

Lo primero que debemos saber sobre la palabra *evangelion* tal y como se utilizaba en la cultura grecorromana del siglo I en la que se predicó por primera vez el evangelio es que casi siempre aparecía en plural: *evangelia*, o como podríamos decir, «evangelios». Pero este plural no se refería a un conjunto de libros, como cuando los cristianos dicen «los cuatro Evangelios». Más bien, los evangelia eran anuncios que la gente escuchaba en público, proclamados en voz alta en las calles por un heraldo profesional, y a veces inscritos en piedra para que pudieran ser conservados.

¿Y de qué hablaba ese heraldo? La mayoría de las veces hablaba de victorias militares. *Evangelio* no era lo que llamaríamos una palabra religiosa. Era una palabra militar.

Evangelia eran proclamaciones de títulos y logros declarados por los heraldos cuando sus amos —generalmente generales o gobernadores, pero a veces senadores romanos o el propio César— estaban a punto de entrar en la ciudad. No se trataba de anuncios publicitarios ni de argumentos de ventas. Eran básicamente advertencias.

Alguien importante (y a menudo peligroso) estaba en camino, y los evangelia eran listas que cubrían tanto quién era como lo que había logrado en la guerra. Así que era mejor estar preparado.

Y si era el César (o su representante) el que venía a la ciudad, la lista de evangelia era a menudo cómicamente larga y enormemente inflada (al menos desde nuestro punto de vista). Pero tenía un carácter religioso. Además de enumerar sus victorias militares, los evangelia proclamaban que César era un dios, «el hijo de un dios» e incluso «el salvador del mundo». La inscripción de Priene mencionada anteriormente incluye exactamente este lenguaje.

La idea de que un líder político se reivindique a sí mismo nos parece ahora ridícula (aunque eso no impide que algunas personas traten a los políticos como si fueran salvadores y dioses). Pero debemos recordar dos cosas: (1) se entendía que los grandes personajes del siglo I tenían un dios o espíritu conectado a ellos (incluso el filósofo Sócrates se refería a su *daemon* personal), y (2) el César romano gobernaba la mayor parte de lo que se entendía como «el mundo». Así que cuando, en la inscripción de Priene, Augusto fue declarado el salvador divino del mundo, la gente se tomó en serio esa afirmación.

Fue la grandeza divina de César la que le permitió llevar la *Pax Romana* (paz romana) a gran parte del mundo, salvándolo de la guerra civil, la barbarie y el caos. Y en aquella época, nadie había inventado la idea de la separación de la iglesia (o la religión) y el estado. La religión era un componente clave de la vida política. O, dicho de otro modo, la política era un componente clave de la vida religiosa.

La gente *esperaba* que el César fuera divino, si no realmente un dios. ¿Quién podría haber logrado algo tan grande sin que la divinidad estuviera involucrada? Nadie había visto nunca tanto mundo unido bajo un solo gobernante. Y en el mundo antiguo, ser gobernante, incluso de un pequeño territorio, se entendía como una estrecha asociación con un espíritu divino.

Por lo tanto, un evangelio en ese tiempo y lugar era una proclamación del que se proclamaba y de lo que había hecho. Pero siempre había un tercer elemento en estos *evangelia*: lo que se esperaba de los que recibían el mensaje.

En el caso de la inscripción de Priene, que suele denominarse *Inscripción de calendario de Priene*, se proclamaba un nuevo año civil. El cumpleaños de Augusto, el 23 de septiembre, se celebraría como un día festivo y también sería el día en que todos los magistrados civiles tomarían posesión de sus cargos. La vida en las ciudades de Asia bajo el imperio se reordenaría de acuerdo con esta proclamación. Y aunque esto no consta en las inscripciones conservadas, ciertamente se entendía que César esperaba que los que vivían dentro de su imperio le fueran obedientes, no se rebelaran y lo consideraran su único rey.

Parece ser que, en Asia, en aquella época, se celebró un concurso para ver cuál era la mejor

manera de honrar el nacimiento de Augusto. El
procónsul romano, el más alto funcionario de la
provincia, lo ganó con su sugerencia del cambio
de calendario. A nosotros hoy nos puede parecer
una forma extraña de ganar el concurso, pero
consideremos lo que esto significa: El nacimiento
de Augusto tiene una importancia cósmica, tan
significativa que los ritmos de la vida misma se
ven alterados tanto para el individuo como para
toda la comunidad.

Los calendarios afectan a todo y a todos,
tanto singular como colectivamente, por lo que
la presencia del César se hace sentir de inme-
diato y siempre. Para alguien proclamado como
divino, ¿qué declaración más clara podría
haber sobre la trascendencia de su llegada? En
cierto sentido, el sol, la luna y las propias estrellas (también consideradas divinas) se mueven
ahora al ritmo de César.

Este evangelio tenía unas implicaciones tan
profundas que se grabó en mármol blanco y se
expuso de forma destacada en el recinto del templo de Priene, un templo dedicado a Roma (una
diosa que personificaba la ciudad de Roma y su
imperio) y a Augusto. Se esperaba que los habitantes de Asia ofrecieran culto en respuesta, y

este culto no era una mera adulación al emperador, sino una forma de vincularse a él. Aunque Augusto se cuidaba de referirse a sí mismo con el latín *divus* («divino» o «deificado») en lugar de *deus* («dios»), la falta de un verdadero equivalente griego para el primero habría hecho que la fusión de los dos en el griego *theós* («dios») fuera natural.[2] Así, en la inscripción evangélica de Priene, se hace referencia a Augusto no sólo como *theós* sino como *theótatos* («extremadamente divino»), lo que sugiere que la distinción no se tomaba demasiado en serio. Después de todo, ¿quién sino un dios podría haber logrado todo esto?

El objetivo último en «evangelio» en el antiguo mundo romano era la proclamación de un emperador divino cuya llegada significaba que el tiempo mismo iba a ser reordenado, que había

---

2 Wright, 327. Él escribe aquí en una nota a pie de página que *divus* tuvo una amplia gama de significados a lo largo del tiempo, por lo que, aunque el griego *theios* («divino», «semejante a un dios») se utilizó para los emperadores, el significado original de *divus* parece haber sido incluso «más alto» que *deus*, refiriéndose a aquellos que siempre habían sido divinos en lugar de humanos divinizados. Mucho más tarde, *divus* aplicado a los emperadores significaba simplemente «muerto». Wright concluye que, para Augusto, en todo caso, *theios* no era equivalente a *divus*.

conquistado a sus enemigos y establecido la paz en todo el imperio más grande del mundo, y que ahora esperaba adoración y obediencia como respuesta.

Ahora bien, imagina que ese heraldo romano, en lugar de proclamar su evangelio agustiniano por las calles de Priene —un evangelio que acabaría inscribiéndose en el mármol blanco del templo— se acercara a alguien en la calle y le preguntara: «¿Tienes un momento para hablar de lo que Augusto César puede hacer por tu vida?».

Suena ridículo. Nadie habría llamado a eso evangelia reales. Nadie lo habría tomado en serio. El tipo de afirmaciones que Augusto hacía sobre sí mismo, sobre quién era y lo que había logrado, y las expectativas de adoración y obediencia que imponía a su imperio, nunca se tomarían en serio como un argumento de venta.

No eran productos para ser puestos en venta. Eran fundamentalmente una afirmación sobre un cambio en el mundo y lo que había que hacer si se quería formar parte de él. Ir en contra de eso constituía una rebelión. Y la respuesta romana a la desobediencia era expulsar a los rebeldes de su mundo, normalmente mediante la ejecución, la conquista o la masacre.

No el evangelio del César, sino de Cristo

Teniendo todo esto en cuenta, consideremos las palabras iniciales del Evangelio de Marcos:

> *El principio del evangelio de Jesucristo, el Hijo de Dios. (Mc. 1, 1)*

Si se cambia a *Jesucristo* por *Augusto César*, se hace casi exactamente la misma afirmación, en casi el mismo idioma. No tengo ni idea de si san Marcos había oído hablar alguna vez de la inscripción de Priene, pero sin duda sabía que en todo el Imperio Romano se aclamaba a Augusto como el hijo de un dios y el salvador del mundo, y su nacimiento se anunciaba como el comienzo de los *evangelia*. Así que cuando san Marcos, que vivía en la pequeña provincia romana de Judea, escribió esta línea en su propio Evangelio, fue un acto de rebelión contra Roma.

Y los demás escritores de los Evangelios hicieron esencialmente lo mismo. Cuando se referían a sus textos como *evangelios*, invocaban este concepto romano existente de *evangelia*. Pero cada uno de ellos, y de hecho también otros escritores a lo largo del Nuevo Testamento, dijeron que no estaban escribiendo *evangelia* en plural, sino *evangelion* en singular.

En otras palabras, este era *el* evangelio, el único. Todos los demás evangelios eran falsos. Todos los demás evangelios estaban siendo derrotados y derribados. El evangelio del César estaba terminando, y comenzaba la proclamación de la venida del propio Rey de Reyes, que gobernaba no sólo un imperio, sino todo el cosmos.

Es Jesús quien es el Hijo de Dios, no el César. Es Jesús quien es divino, no el César. Es Jesús quien es el Salvador del mundo, no el César. Es Jesús cuyo nacimiento cambió el tiempo para siempre, no el César. Jesús es Aquel cuyos beneficios para la humanidad son los más grandes y nunca serán superados, Aquel cuya venida es para todos los que lo reciben y sus descendientes, Aquel que traerá la paz y por quien el mundo no caerá en la ruina: Jesús, no el César.

Más adelante profundizaremos en este tema, pero hay que señalar que el evangelio de Jesucristo no es en el fondo una respuesta al evangelio de Augusto César. En el Nuevo Testamento se utiliza el *género* del evangelio para declarar la venida de Jesucristo. Pero la declaración en sí misma no está dirigida a conquistar al César y su imperio, excepto por implicación. Por supuesto, no habrá lugar para otros reinos tras la llegada del Reino de Jesús.

La declaración, que es una buena noticia para la humanidad, es explícitamente un acto de agresión contra la dominación de un reino diferente que se había extendido por todo el mundo, uno más extenso que el Imperio Romano, un reino no gobernado por seres humanos. El evangelio de Jesucristo es, en esencia, una agresión al reino de los demonios.

Como dice san Pablo: «Porque no tenemos lucha contra sangre y carne, sino contra principados, contra potestades, contra los gobernadores de las tinieblas de este siglo, contra huestes espirituales de maldad en las regiones celestes» (Ef. 6, 12). El propósito de la venida de Jesús al mundo no era declarar la guerra contra ningún reino humano, sino contra uno demoníaco. Los enemigos derrotados cuyo derrocamiento es primordial entre los logros del evangelio de Jesucristo son los enemigos demoníacos.

El evangelio de Jesucristo es el anuncio de la inauguración de un reino, aquello por lo que los cristianos rezan en el Padrenuestro cuando dicen «venga tu reino». En efecto, en el Padrenuestro podemos ver los tres elementos declarativos que se incluyen en el género evangélico: (1) quién es el proclamado, (2) lo que ha logrado, y (3) lo que espera de sus súbditos. Utilicemos, pues, la más conocida de las oraciones cristianas para resumir todo lo que hemos dicho en este capítulo:

Padre nuestro que estás en los cielos, santificado sea tu nombre. Venga tu reino. Hágase tu voluntad, como en el cielo, así también en la tierra. El pan nuestro de cada día, dánoslo hoy. Y perdónanos nuestras deudas, como también nosotros perdonamos a nuestros deudores. Y no nos metas en tentación, mas líbranos del maligno. (Mt. 6, 9–13; Lc. 11, 2–4)

¿A quién se proclama? «Padre nuestro, que estás en los cielos»: es Dios mismo el que se proclama. «Santificado sea tu nombre»: es el santo, el que tiene un nombre más alto que todos los demás nombres.

¿Qué ha logrado? «Hágase tu voluntad, como en el cielo, así también en la tierra»: ha sometido a Sí mismo a toda la creación.[3] «El pan nuestro de cada día, dánoslo hoy»: les proporciona todo el sustento. «Y perdónanos nuestras deudas»: ha liberado a su pueblo de la esclavitud del pecado. «Y no nos metas en tentación»: Él muestra a su pueblo el camino correcto para vivir. «Líbranos del maligno»: ha rescatado a su pueblo de la dominación del diablo.

¿Qué espera Él? «Venga tu reino»: Su gobierno será el único entre nosotros. «Hágase tu voluntad, como en el cielo, así también en la tierra»: espera que se le obedezca, y que se haga aquí en la tierra como en el cielo, los seres humanos reflejando a los ángeles. «Y perdónanos nuestras deudas, como también nosotros perdonamos a

---

3 Aunque está redactada en nuestro idioma como una oración sobre la humanidad en la tierra que se alinea con la obediencia del cielo, esta oración revela un escenario del «ya» y «el todavía no» que es tan común en las Escrituras, como se ve en Mt. 28, 18–19: «Jesús se acercó a ellos y les habló diciendo: "Toda autoridad me ha sido dada en el cielo y en la tierra. Por tanto, vayan y hagan discípulos de todas las naciones, bautizándolos en el nombre del Padre, del Hijo y del Espíritu Santo". Como esta autoridad le ha sido devuelta, sus discípulos son enviados ahora a hacer efectiva esa autoridad en todo el mundo. La oración es sinérgica, y la obediencia humana se basa en el cumplimiento divino.

nuestros deudores»: la obediencia requiere perdonar a los demás, lo cual es imitarle, y ser perdonado depende de ser perdonador.

Esta es la oración que el propio Jesús dio a sus seguidores y que se ha utilizado como modelo de oración desde entonces. Nótese lo que está ausente: el sentido de que la vida cristiana consiste en responder a la pregunta «¿Qué debo hacer para ser salvo?». Por supuesto, esa pregunta está implícita como respuesta al contenido de esta oración, pero no está incluida en ella. Más bien, la oración es en sí misma una declaración del Evangelio.

Terminaremos este libro preguntando: «¿Qué debo hacer para ser salvo?» pero primero tenemos que entender a qué responde esa pregunta. Y también tenemos que entender de qué estamos siendo salvados, cuál es el problema que la proclamación del evangelio pretendía abordar. Pasemos ahora a esta última pregunta, que es: ¿Por qué hay un evangelio?

CAPÍTULO 2

¿Por qué existe un evangelio?

Palabra fiel y digna de ser recibida por
todos: que Cristo Jesús vino al mundo
para salvar a los pecadores, de los cuales
yo soy el primero. (1 Tim. 1, 15)

Cuando los evangelios se declaraban en las calles de las ciudades antiguas, era porque esas ciudades habían sido dominadas por algún otro poder, y ahora un nuevo poder venía a imponer su dominio. Si los anteriores gobernantes habían sido opresores, este evangelio era realmente una buena noticia. Y, por supuesto, cualquier conquistador que hiciera proclamar su evangelio describiría a los anteriores gobernantes como opresores y a él mismo como liberador.

Nadie hacía que su heraldo anunciara que venía a dominar y esclavizar la ciudad. Eso no habría sido en absoluto una buena noticia.

En el evangelio de Augusto César, su heraldo anunció que la guerra llegaba a su fin. El mundo antiguo vio muchas guerras, y si un imperio debía ofrecer algo, sería la paz. ¿De qué serviría combinar numerosos reinos bajo un solo gobernante si las luchas continuaban?

Del mismo modo, Augusto prometió que su llegada traería otros beneficios a los pueblos bajo su gobierno. No sólo iba a salvar al mundo de la guerra y de la dominación de otros gobernantes, sino que también traería bendiciones. La vida sería mejor bajo Augusto. Y aunque la vida en el Imperio Romano no era precisamente cómoda según los estándares modernos, especialmente para la mayoría de los que no eran ciudadanos, los romanos en general trajeron la paz, junto con carreteras, mejor comercio, orden público, medicina y saneamiento.

Esto no quiere decir que la vida fuera realmente tan buena para el ciudadano medio del imperio. Si eras un no ciudadano (en latín, *non persona*; no se te consideraba una persona), no tenías derechos reales. Por ejemplo, un soldado

de la guarnición local podía matar a los no ciudadanos o llevarse a una mujer o a un niño para
fines inconfesables con total impunidad. Los
romanos eran a menudo brutales con los no
romanos que vivían en su imperio.

Sin embargo, aunque los plebeyos (sobre
todo las mujeres y los niños) no lo tenían fácil
en ningún lugar del mundo en aquella época, si
tenías que ser plebeyo en algún sitio, el Imperio
Romano era probablemente el mejor lugar para
estar. Formar parte del imperio no te convertía
en *un* romano (la ciudadanía estaba reservada
a relativamente pocas personas), pero probablemente te hacía *más* romano.

La cultura, la tecnología, la riqueza y el orden
romanos afectaban a todos los habitantes del
imperio, incluso a los esclavos, que tenían un
estatus inferior al de los plebeyos. Si vivías dentro de las fronteras romanas, experimentabas y,
al menos en cierto sentido, te beneficiabas de la
dominación romana.

Así que cuando se predicaba el evangelio de
Augusto, no eran promesas vacías. Ser parte de
su imperio significaba recibir algo real. Pero,
sobre todo, significaba que ahora le pertenecías.
Tus anteriores gobernantes fueron subyugados

o destruidos. En el imperio, toda rodilla debía doblarse ante el César y confesarlo como señor.

Este sentido de que el evangelio anunciaba un buen cambio en el mundo forma parte del género importado en el evangelio de Jesucristo. El evangelio de Augusto significaba, sobre todo, que la *Pax Romana* se extendía por el mundo. Habría paz. Entonces, ¿qué cambio anunciaba el evangelio de Jesús?

El evangelio de Jesucristo llegó a la humanidad debido a tres tipos de dominación por parte de poderes hostiles, que resultaron de tres eventos descritos en Génesis. Génesis es el primer libro de la Biblia, la colección de libros que da testimonio de los acontecimientos que conducen, incluyen y se derivan de la proclamación del evangelio. Estos tres acontecimientos conforman colectivamente lo que en la teología cristiana se llama comúnmente «la Caída».

En la mayoría de las presentaciones del evangelio en nuestro tiempo, sólo uno de estos tres pares de eventos/efectos se menciona típicamente como la Caída, debido a la reducción del evangelio a la cuestión de cómo uno es salvo. Pero una comprensión adecuada del evangelio tiene que incluir los tres. Así que veamos ahora cuáles son estos tres eventos y los efectos que tuvieron, para que podamos entender por qué hay un evangelio.

La caída: Muerte

El primero de los tres acontecimientos que aborda el evangelio es el hecho de que Adán comiera el fruto prohibido, y el efecto que tuvo sobre él y sus descendientes fue la muerte. Sin embargo, antes de llegar a ese acontecimiento, tenemos que entender algo sobre el origen de Adán y la importancia de que comiera ese fruto.

Como se recoge en Génesis, Dios creó todo lo que existe. Pero antes de que la tierra, tal como la conocemos ahora, se llenara de vida, existía un caos sin forma, un vacío. Por tanto, cuando Dios crea, pone orden en su creación precisamente de forma *creativa*. Creo que es importante que destaquemos aquí la *creatividad* de Dios, aunque sólo sea porque su acto de creación no suele describirse como un acto de creatividad, un acto artístico. Sin embargo, en Génesis se presenta a Dios como un artista, un artífice, un hacedor y modelador de la belleza.

Y así, cuando Dios crea la tierra, está diseñando un orden, un orden que refleja quién es

Él, un orden cuyas formas internas de funcionamiento expresan su carácter. La creación del mundo por parte de Dios es un acto de *avanzada*. Hizo algo que *no es Él mismo* (es creado, y Él es increado) y *que no está hecho de Él mismo* (no tomó parte de Él mismo como los bloques de construcción del mundo), pero que aun así le *refleja a Él mismo*. Se trata de un acto de creatividad, del acto de un artista.

Incluso los actos de creación que realizamos los humanos siguen este mismo orden, aunque, por supuesto, no podemos, como Dios, crear algo de la nada. La creación de Dios es inicialmente una creación de materia caótica a partir de la nada, pero luego Él pone orden a partir de la materia caótica. Nosotros también creamos orden a partir de la materia caótica, imitando a Dios. Como escribió en una ocasión el profesor y novelista de fantasía J.R.R. Tolkien, «hacemos a nuestra medida y en nuestro modo derivado, porque estamos hechos: y no sólo hechos, sino hechos a imagen y semejanza de un Hacedor».[4]

---

4 J.R.R. Tolkien, *Tolkien on Fairy-stories*, Verlyn Flieger y Douglas A. Anderson, eds. (HarperCollins Publishers, 2008), pág. 66.

Y este es un punto importante, porque si la humanidad es la más alta y mejor de la creación de Dios, entonces la humanidad debería reflejar el carácter de Dios más que cualquier otra criatura. Este punto se destaca en Génesis al decir Dios que hizo al hombre a su imagen y semejanza, para que gobernara sobre las criaturas de la tierra, tanto las plantas como los animales, y de hecho toda la tierra misma. El propósito del hombre, otorgado por Dios, es asistirle en su proyecto creativo de crear orden y belleza a partir del caos, para ser «imagen» de Dios participando en sus obras (Gén. 1, 26–30).

Adán participa en la creatividad de Dios incluso antes de crear a Eva, al poner nombre a todos los animales (Gén. 2, 19–20), un acto de colaboración entre Dios y el hombre. Este es el comienzo de la obediencia de Adán al mandato de Dios de someter la tierra, un acto real por su parte. Adán expresa el orden de Dios al poner orden en el mundo animal.

Dios lleva los animales a Adán «para que viese cómo las había de llamar; y todo lo que Adán llamó a los animales vivientes, ese es su nombre» (Gén. 2, 19). Esta cooperación sinérgica muestra cómo la relación entre Dios y el hombre había sido diseñada por Dios. Y esto debe recordarnos cómo los padres fomentan la creatividad de sus propios hijos, aportándoles los elementos que necesitan para ejercitar su creatividad y colaborando con ellos para que se desarrollen en libertad, para ver qué hacen con lo que se les da.

Así, cuando Dios hace a Adán, no lo forma directamente de la nada, sino de la tierra (o del polvo), poniendo orden y forma al caos, soplando en él el aliento de vida y convirtiéndolo en un ser vivo (Gén. 2, 7).

Luego hace a Eva tomando una porción del costado de Adán, para que sea una compañera adecuada que corresponda a Adán (Gén. 2, 21-23). A Adán se le había ordenado someter la tierra y también llenarla (Gén. 1, 28), pero no podía obedecer la última mitad del mandato sin Eva. Y es por esta razón que el matrimonio es la unión de un hombre y una mujer (Gén. 2, 24): para que juntos puedan crear más humanos. Así, la creación de Dios refleja quién es Él y tiene su funcionamiento adecuado y ordenado.

El escenario de toda esta creatividad es un jardín (o huerto, como dicen algunas traducciones) plantado por Dios en un lugar llamado Edén.

Dios hizo allí árboles con muchos frutos para que Adán y Eva comieran, pero en el centro del jardín había dos árboles: el Árbol de la vida y el Árbol del conocimiento del bien y del mal.

Que el escenario sea un jardín no es una elección arbitraria. En el mundo antiguo en el que se leyó por primera vez el Génesis, la gente se relacionaba con sus dioses en dos posibles escenarios: jardines o templos, que a menudo se construían como torres o zigurats. (Un zigurat es un edificio adosado, a menudo con forma de pirámide, normalmente incluido en una estructura de templo más grande o en un complejo, sobre el que se ofrecían sacrificios a los dioses). Se creía que los dioses vivían en las montañas o en los jardines, por lo que los espacios sagrados construidos por el hombre y dedicados a su culto se asemejaban a estos lugares.

A menudo los templos se situaban en el centro de un jardín, combinando ambos. Y, en muchos casos, se construían en la cima o cerca de una montaña o una gran colina, a menudo en el centro de una ciudad. Los famosos Jardines Colgantes de Babilonia consistían en un zigurat que hacía las veces de jardín, es decir, un templo en forma de montaña cubierto de jardines.

En el centro de estos antiguos jardines se colocaba un ídolo, una imagen del dios cuya ceremonia de dedicación incluía una «apertura de las fosas nasales», en la que el aliento del dios pasaba al ídolo, con lo que, en cierto modo, éste quedaba atrapado en su interior. El ídolo era entonces servido por sus adoradores como medio para controlar al dios y obtener sus favores. Se le hacían sacrificios, ofrendas de alimentos que luego se comían, constituyendo una comida compartida con el dios.

Pero cuando Dios crea al hombre, es *Él* el que hace el jardín, es *Él* el que establece una imagen de sí mismo, es *Él* el que da vida a la imagen, y alimenta al hombre en lugar de ser alimentado por él. Esto es lo contrario a la idolatría, en la que el hombre intenta controlar a un dios alimentándolo. Más bien, Dios hace al hombre y le da comunión y relación consigo mismo como un acto de libertad divina.

Y es esta relación de comunión y creatividad colaborativa la que se ve empañada por la introducción de la muerte en la humanidad. Antes de crear a Eva, Dios le da a Adán el jardín para que lo cultive y lo cuide (de nuevo, actos de cooperación con Dios), pero también le advierte que no coma del Árbol del conocimiento del bien y del mal, porque cuando coma de él morirá (Gén. 2, 15–17).

Una pregunta que naturalmente viene a la mente es ésta: ¿Es el fruto de ese árbol venenoso? ¿Por qué muere Adán cuando lo come?

Para entender por qué la muerte viene con ese fruto, tenemos que saber algo más sobre la creación en ese momento: Adán y Eva no son las únicas criaturas inteligentes del mundo. Dios también ha creado lo que normalmente llamamos ángeles. Y «fuera de la cámara», por así decirlo, se ha producido una rebelión. Más adelante hablaremos de esto, pero por ahora, esto explica por qué hay una «serpiente» que le habla a Eva en Génesis 3. Esa serpiente es una manifestación de un ángel rebelde, también llamado *demonio*.

El demonio persuadió a Eva para que comiera del fruto, y ella a su vez persuadió a Adán para que hiciera lo mismo. Cuando lo hicieron, se unieron a esa rebelión demoníaca contra Dios. Y en respuesta, Dios les dio la muerte. El fruto no era venenoso. La muerte fue dada por Dios.

La muerte fue la respuesta de Dios a este acto de rebelión, pero no fue dada por venganza.

Después de todo, Dios no tiene necesidad de nada, así que no tiene sentimientos heridos o una necesidad de vengarse de Adán por unirse a la rebelión demoníaca. Más bien, la muerte fue dada a la humanidad como una forma de derrotar a los enemigos de Dios.

Para entender lo que esto significa, tenemos que saber algo sobre los ángeles. Los ángeles que se rebelan contra Dios nunca pueden arrepentirse. Nunca se transformarán para volver a estar en armonía con Dios. San Juan Damasceno, en su *Exposición de la fe ortodoxa*, dice que no pueden arrepentirse porque no tienen cuerpos mortales y corruptibles. Su naturaleza no les permite arrepentirse. El arrepentimiento sólo es posible cuando alguien tiene un cuerpo mortal y corruptible.[5]

San Juan no explica por qué exactamente. Y también podríamos preguntarnos por qué los ángeles no pueden cambiar de opinión, si tienen libre albedrío. Esta última pregunta es quizás más fácil de responder: El libre albedrío no es lo mismo que la libertad de acción. Uno tiene la

5 *Exposición de la fe ortodoxa*, Libro II, capítulo 3, «Los ángeles».

capacidad de dañarse a sí mismo, pero no necesariamente tiene la capacidad de curarse. Los ángeles rebeldes se dañaron a sí mismos, pero no pueden curar su rebeldía.

Al igual que los ángeles, la humanidad fue creada inmortal e incorruptible, aunque no inherentemente inmortal y autosuficiente (sólo Dios lo es). La humanidad se sostiene por la gracia. Por lo tanto, si Dios hubiera dejado a los humanos tal y como fueron creados después de que pecaran, su desobediencia los habría fijado en una rebelión permanente, tal y como había fijado a los ángeles rebeldes. Dios separó a los humanos del Árbol de la vida, exiliándolos del Edén, para que no se confirmaran y cristalizaran en la rebelión como lo habían hecho los demonios (Gén. 3, 22–24).

Por eso, cuando Dios da la muerte a los seres humanos, es para que se arrepientan, para que se transformen y vuelvan a estar en armonía con Dios. Con la mortalidad viene la capacidad de cambio necesaria para volver a Dios. De este modo, Dios permite que aquellos que habían desertado al lado de los demonios vuelvan a Él, se realineen con Él y le juren su lealtad de nuevo, robando la victoria a los demonios. Dar la posibilidad de arrepentimiento a la humanidad es, por tanto, parte de cómo Dios derrota a sus enemigos los demonios, que se habían rebelado contra Él tratando de destruir a la humanidad por envidia del destino del hombre en Cristo (veremos este destino en los capítulos 5 y 6). Esta oportunidad es dada solo a la humanidad, no a los demonios (Heb. 2, 16).

Volveremos a hablar del arrepentimiento más adelante, pero esto debería bastar para explicar por qué la muerte fue la respuesta de Dios a la desobediencia del hombre. Y también introduce la íntima participación de los demonios en todo esto.

El acto de desobediencia del hombre a Dios y la muerte que le siguió es de lo que trata la mayoría de las descripciones de «la Caída», aunque suelen describir la muerte como un castigo por la desobediencia. Esta versión de la historia implica que la solución consiste en eliminar el castigo. Pero, como veremos, hay mucho más. Y deberíamos decir más aquí sobre la muerte.

El problema del fruto prohibido no es que fuera venenoso como tal, sino que la humanidad no estaba preparada para él. El tema de los demonios (falsos dioses) que dan conocimientos a la humanidad para los que no está preparada con el fin de provocar su destrucción existe tanto en la Biblia como en otras narraciones antiguas, y este relato de Génesis es exactamente ese tipo de historia. Los estudiantes de mitología griega pueden recordar las historias de Prometeo dando fuego a la humanidad o el «regalo» de la Caja de Pandora, ambos casos de conocimiento para el que el hombre no está preparado y que trae muchos males al mundo.

La muerte también entra en la respuesta de Dios al demonio. En Génesis 3, 14, Dios le dice a la serpiente (i.e., al demonio) que será arrojada y comerá polvo. Este elemento se explica a menudo como la historia de por qué las serpientes no tienen patas, pero debemos recordar que se trata de un demonio, no de una serpiente. Para empezar, las serpientes no hablan. Y no es que los antiguos pensaran que las serpientes comían polvo. Ellos sabían más que eso.

Lo que ocurre aquí es que al demonio se le quita todo su poder y se le arroja al inframundo, que tradicionalmente se representa como un lugar de polvo y ceniza. Sólo le queda un poder, el de la muerte. Este demonio que tiene el poder de la muerte se identifica como el diablo

(Heb. 2, 14). Este mismo pasaje de Hebreos también menciona que Dios da ayuda a la humanidad, pero no a los ángeles (2, 16). Así que vemos de nuevo aquí que la mortalidad del hombre y su eventual cura (¡más sobre esto luego!) están relacionadas con la guerra que algunos ángeles han declarado a Dios.

Sin embargo, Adán y Eva no saben lo que es la muerte, así que Dios mata a un animal delante de ellos para mostrarles lo que va a ocurrir.[6] Los viste con «ropas de piel», lo que no significa que comiencen a usar cuero hecho del animal que acaban de matar, sino que sus cuerpos se vuelven mortales, cambiando para ser como los cuerpos de los animales (que ya son mortales).[7] Este es el momento en el que la muerte se convierte en parte de la experiencia humana, y tiene muchas implicaciones, incluyendo que el simple acto de

---

6   Esta inferencia de Génesis 3 se hace tanto en el periodo del judaísmo del Segundo Templo como en algunos comentaristas patrísticos, como el *Comentario al Génesis* 2.33.1 de Efrén el Sirio. Sin embargo, no está explícita en el texto de Génesis.

7   Varios padres de la Iglesia sostienen esta opinión, e.g., Gregorio de Nisa en *Diálogo sobre el alma y la resurrección*.

obtener comida ahora requerirá un trabajo duro y que el parto será doloroso.

Adán y Eva son expulsados del Paraíso, que es la presencia de Dios en el Edén. La muerte encuentra su plena expresión en Génesis 4, que detalla el primer asesinato. Uno de sus hijos, Caín, mata a su hermano, Abel. Y la Biblia duplica y triplica (y cuadruplica, etc.) este patrón en Génesis 5, un registro genealógico en el que cada línea familiar termina con «y murió».

La muerte domina ahora a la humanidad. Dios da una especie de mitigación a través de la fertilidad humana,[8] pero eso sólo gestiona el problema de la muerte de la humanidad. No lo cura.

---

8 Dios sabía que la muerte llegaría a la humanidad, por lo que, desde nuestro punto de vista, la fertilidad fue dada antes de la Caída teniendo en cuenta, no obstante, la Caída. Existe una discusión dentro de la Iglesia Ortodoxa sobre si la fertilidad habría funcionado de manera diferente antes de que se dieran las prendas de piel, pero no entraremos en eso aquí. Todo lo que sabemos es que la reproducción no se produce hasta después de que la muerte llegue a la humanidad y que es una forma de que la humanidad se perpetúe ante la muerte.

La caída: Pecado

El segundo de los acontecimientos que constituyen la Caída es la introducción del pecado en la humanidad. El pecado es, simplemente, «errar el tiro», pero no es lo mismo que cometer un error. Es la rebelión contra Dios y la ley que Él escribió en la creación. Porque el pecado es rebelión, porque es dañino, los pecadores tienen víctimas. Ser un pecador significa que estoy dañando a otros y también a mí mismo. El pecado no significa simplemente infringir las normas, sino causar un daño, incluso un daño que tal vez no percibamos.

El pecado entra en la humanidad a través de la muerte, y el miedo a la muerte es la ocasión de todo nuestro pecado y de nuestra esclavitud a ese miedo (Heb. 2, 15). ¿Qué significa esto?

El miedo a la muerte puede ser bastante literal. Podemos dañar a otra persona para evitar que nos maten. Pero también puede dar lugar a que evitemos la muerte en términos más generales. Puedo engañar a alguien porque temo lo que me ocurrirá si no tengo todo lo que quiero. Puedo ser violento con otra persona por miedo a no conseguir lo que quiero. Puedo ser cruel con alguien por miedo a que mis sentimientos o mi intimidad se vean afectados. Puedo ignorar a alguien por miedo a experimentar el sufrimiento de otra persona. Puedo ahogar mis penas en la bebida o caer en la glotonería para evitar la sensación de carencia. Todas estas son formas de pecado basadas en el miedo a la muerte.

La corruptibilidad también entra en la humanidad a través de la muerte. Aunque solemos pensar en la *corrupción* en términos morales (como los políticos corruptos), se refiere de forma más inmediata a lo que ocurre con los cuerpos humanos mortales en este mundo. Podemos ser heridos. Podemos enfermar. Morimos. Y después de la muerte, nuestros cuerpos se descomponen. (Por eso, los cuerpos de algunos santos que no se descomponen después de la muerte se denominan *incorruptos*).

En los capítulos de Génesis que siguen a la expulsión del Edén, observando especialmente la línea familiar de Caín, vemos el aumento del pecado. El descendiente de Caín, Lamec, es un asesino como su antepasado. La corrupción se multiplica en todo el mundo. Los seres demoníacos interactúan más con la humanidad,

produciendo los nefilim y otorgando más conocimientos destructivos.[9]

La propagación de la corrupción pecaminosa
y la interacción con los demonios debería subra-
yar para nosotros que el pecado no es una mera
cuestión de violar una regla. Es lo que podríamos llamar un problema *existencial*, que afecta
a la existencia diaria de los seres humanos, ale-
jándolos de Dios y llevándolos a la destrucción.
Incluso el propio primer pecado humano no fue
un mero error cometido por personas que tenían
hambre. Después de todo, Adán y Eva tenían
muchos árboles para comer en el jardín. Y tampoco se trató de una regla arbitraria que Dios
había hecho. Después de todo, ese árbol había
sido hecho para ellos, pero aún no estaban preparados para él.

El primer pecado humano consistió en alejarse de Dios. Él había dicho explícitamente a
Adán y Eva que no comieran de ese árbol y, sin
embargo, lo hicieron de todos modos. Se unieron

---

9 *Nephilim* es una palabra hebrea que significa
   «gigantes». Estos eran líderes de ciertos clanes
   que estaban íntimamente asociados con poderes
   demoníacos que les daban conocimientos y habilidades
   más allá de la capacidad humana normal.

a la rebelión de los demonios contra el Dios que los había creado, amado y entregado. De hecho, Él les había dado el mundo entero para que pudieran participar en su gobierno divino. Al comer del árbol prohibido, hicieron lo único que sabían que dañaría e interrumpiría su comunión con Él, y este acto se dañó a sí mismo. El pecado tiene consecuencias que van mucho más allá del castigo deliberado.

Finalmente, Dios inundó la tierra para limpiarla de la maldad demoníaca, en cierto sentido «restableciendo» a la humanidad al salvar a Noé y su familia. Sin embargo, sólo fue una medida temporal, ya que el problema del pecado seguía existiendo. Al igual que con la muerte, Dios concedió un sistema de gestión del pecado, aceptando sacrificios y oraciones que limpiaban temporalmente a los pecadores de su pecado.

La caída: Gobernada por demonios

Uno de mis relatos favoritos del Antiguo Testamento es el de la Torre de Babel. Creo que eso se debe a mi interés por el lenguaje. En esta narración, que se encuentra en Génesis 11, 1–9, vemos a toda la humanidad hablando inicialmente una sola lengua, pero al final de la historia, la humanidad se ha dividido en muchas lenguas.

En medio de esta historia, que podría parecer una explicación de por qué hay muchas lenguas humanas, vemos un curioso episodio: La humanidad intenta construir una ciudad con una torre en el centro, «cuya cúspide llegue al cielo». He oído explicar este relato como el intento del hombre de llegar a Dios, pensando que puede construir su camino hacia Dios con su propio trabajo. Se supone que la lección es que no puedes llegar a Dios por tu cuenta; en cambio, necesitas ser alcanzado *por* Dios.

Esta explicación no es del todo errónea, pero pasa por alto el sentido de una torre cuya cúspide está en el cielo, colocada en el centro de la ciudad.

Tras el rescate de Noé y su familia en Génesis 9 hay otra genealogía (aunque esta vez sin el «y murió»), cuyo propósito es enumerar las naciones que descienden de Noé. Son setenta en total. A esta enumeración le sigue en Génesis 11 la historia de la Torre de Babel. Esta historia describe a personas que se desplazan hacia el este, a un lugar llamado Sinar, que es tradicionalmente donde se funda la civilización de Babilonia. Estas son las personas que se ponen a construir su ciudad y la torre en medio de ella.

Entonces, ¿por qué construir una torre hacia el cielo en medio de la ciudad? No es por la sensación de poder llegar literalmente a Dios. Después de todo, no es como si vieran a Dios flotando en el aire y pensaran que, si construyeran una torre lo suficientemente alta, podrían llegar a Él. Más bien, esta torre tiene el propósito de alcanzar a Dios en un sentido de culto, es decir, con el propósito de adorar.

Recordemos la antigua arquitectura de la idolatría: un jardín o templo construido con un ídolo en el centro para atrapar y controlar al dios. Pero cuando Dios hizo al hombre, Él mismo construyó la arquitectura de adoración e hizo al hombre a su propia imagen. Así que lo que los constructores de la torre en Babel estaban haciendo era intentar adorar a Dios de una manera idolátrica, construyendo su propio templo y su propia imagen de Dios, para sacrificarle de la manera en que la gente sacrificaba a los demonios.

Estaban invirtiendo el modelo que Dios había establecido. Esta inversión era, por lo tanto, una rebelión contra Dios, quien advierte que no se debe intentar llegar al cielo para traerlo (Dt. 30, 12; Rom. 10, 6). La torre no era un medio para alcanzar a Dios en absoluto, sino para comunicarse con los demonios e intentar controlarlos. Dios no puede ser controlado.

En este tercer elemento de la Caída, la relación de los demonios con la humanidad está ahora cimentada. El zigurat (porque eso es lo que era esta torre) construido en Babel fue diseñado para hacer descender a Dios hacia el hombre para que le sirviera. En cierto sentido tuvo éxito, porque Dios bajó. No bajó para servir a estos idólatras, sino para dispersarlos, dividiendo sus lenguas para que no pudieran entenderse entre sí (Gén. 11, 5–9).

Sin embargo, lo que no se menciona directamente en Génesis 11 es algo que se dilucida un poco más adelante en la Biblia, en Deuteronomio 32, 8, que toca directamente este incidente: «Cuando el Altísimo repartió su heredad a las naciones, cuando separó a los hijos de Adán, estableció las fronteras de los pueblos según número de los ángeles de Dios».[10]

---

10 Muchas traducciones tienen «hijos de Israel» en lugar de «ángeles de Dios»; esta última es la lectura de los Manuscritos del Mar Muerto y la Septuaginta griega.

En otras palabras, a cada una de las setenta naciones tradicionales se le asignaba un ángel delegado por Dios al retirar su presencia directa del mundo en respuesta al intento idólatra de controlarlo. Estos ángeles eran guardianes y gobernadores, participando en el gobierno de Dios sobre el mundo. (Los ángeles se asocian no sólo con las naciones, sino también con el sol, la luna, las estrellas, etc.) ¿Y qué pasó después?

Algunas de las naciones comenzaron a adorar a sus ángeles guardianes, ofreciéndoles sacrificios. Esta caída en la idolatría angélica se menciona unos versículos más adelante en el Deuteronomio: «Lo provocaron a celos con dioses ajenos; lo enojaron con abominaciones. Ofrecieron sacrificio a los demonios, no a Dios; a dioses que no habían conocido, a dioses nuevos, llegados de cerca, a los cuales sus padres no temieron» (Dt. 32, 16–17). En otros lugares también se hace referencia explícita a estos dioses como demonios (Lev. 17, 7; 2 Cró. 11, 15; Sal. 106, 37, etc.).[11]

Las versiones latinas lo traducen como «hijos de Dios». «Hijos de Israel» no tiene sentido, porque había más de setenta en Israel, estas naciones no eran Israel, e Israel ni siquiera existía cuando ocurrió esta división.

11 Esta caída de los ángeles en un estado demoníaco es en

También vale la pena hacer una observación lingüística en este punto: La palabra traducida en Deuteronomio 32, 16-17 como «demonios» es *shedim*, que no es en origen una palabra hebrea en absoluto (destacando así del resto del texto, que está originalmente en hebreo). *Shedu* (*shedim* es un plural hebraizado) es una palabra babilónica que se refiere a un espíritu territorial. Así que estos demonios tienen territorio.

Este es, pues, el origen de la idolatría pagana, que ciertos ángeles que habían sido asignados por Dios como guardianes de lugares y naciones aceptaron la adoración de las naciones, comulgando con ellas y llevándolas a la destrucción. Es sobre esta base que estos espíritus malignos son referidos como «los príncipes de este siglo»

---

realidad una de las cinco caídas descritas en la Biblia. Contrariamente a algunas representaciones de las caídas de los ángeles, no hay un único acontecimiento de la «Caída» en el que todos los ángeles elijan el bien o el mal, al menos no desde el punto de vista de los humanos que viven en el tiempo. Para un tratamiento completo de las cinco caídas, véase Damick, Andrew Stephen y Stephen De Young, «The Five(ish) Falls of Angels», podcast *The Lord of Spirits* en Ancient Faith Radio, 9 de octubre de 2020, https://www.ancientfaith. com/podcasts/lordofspirits/the_fiveish_falls_of_ angels.

(1 Cor. 2, 6 y 8) y que la lucha cristiana es «contra principados, contra potestades, contra los gobernadores de las tinieblas de este siglo, contra huestes espirituales de maldad en las regiones celestes» (Ef. 6, 12).

Así que lo que había comenzado con la tentación en el Edén, trayendo la introducción de la muerte, y se había multiplicado por el pecado, posibilitado por los demonios que le daban a la humanidad un conocimiento para el que no estaba preparada, fue ahora llevado a su plenitud por la idolatría. La idolatría siempre había prometido conceder conocimientos y habilidades más allá de la naturaleza humana —fuerza, poder, belleza, fertilidad, riqueza, etc.— pero la búsqueda de estas cosas por parte del hombre a través de la interacción con los demonios siempre derivaba en la adoración de sí mismo.

Este enfoque en el yo es la razón por la que las imágenes de estos dioses acabaron siendo antropomórficas, hechas para parecerse a los humanos que los adoraban. En lugar de que el hombre a imagen de Dios estuviera en comunión con Dios, los dioses a imagen de los hombres estaban en comunión con los hombres. Y es por eso que esta adoración casi siempre implicaba también inmoralidad sexual. Si la comunión con un demonio lo llevaba a su comunidad, entonces su rebeldía y egoísmo se sacralizaban y, por lo tanto, siempre se expresaría mediante la búsqueda de los deseos más bajos.

Si parece que los demonios están involucrados en cada paso del camino cuando se trata de la Caída, es porque lo están. En el relato bíblico, la caída de la humanidad es incomprensible sin el contexto de la rebelión angélica que convirtió a algunos ángeles en demonios.

Muchos cristianos o personas familiarizadas con el cristianismo pueden tener la sensación de que los ángeles están involucrados en la fe cristiana, pero no suelen desempeñar un papel fundamental.

Pero si se analizan detenidamente estas cuestiones centrales de por qué es necesario el evangelio, se verá que los demonios son fundamentales. Los demonios estaban allí cuando la muerte llegó a nosotros, los demonios estaban allí cuando el pecado se multiplicó, y los demonios estaban presentes en la división de las naciones y el aumento de la idolatría pagana. Pero no te preocupes, porque los ángeles (es decir, los que no se rebelaron) volverán a aparecer en esta historia más adelante.

La esclavitud de las naciones a los demonios fue el evento final de la Caída. Por lo tanto, Dios comenzó a preparar una solución. No eligió ninguna de las naciones existentes para dar a conocer su presencia de nuevo en la tierra, sino que formó una nueva nación para sí mismo. Si miras la lista de naciones en Génesis 10, no verás esta nueva nación en la lista.

Esta nueva nación se llama Israel. Se formó principalmente a partir de los esclavos llamados a salir de Egipto, pero también incluyó a algunos egipcios y a antiguos miembros de otras naciones. (Más información sobre estas personas en el próximo capítulo.) Su salida de Egipto se llama el Éxodo (detallado en el libro bíblico del mismo nombre), y lo que los formó como una nueva nación es su participación en la Pascua. La Pascua era una ofrenda de sacrificio de un cordero que el pueblo hacía a Dios y luego comía, entrando así en comunión con Él.

El propósito de Israel en medio de las naciones idólatras era llevar la presencia de Dios a ellas e interceder por ellas mientras descendían a la pecaminosidad demoníaca, donde los fuertes dominaban a los débiles y la vida se tenía en muy poca consideración. Y finalmente, esa misión dio sus frutos al producir al Mesías, Jesucristo, que es llamado Emanuel, que significa «Dios con nosotros». El anuncio de su venida y lo que significa es el evangelio.

¿Quién es este Jesús?

CAPÍTULO 3

¿Quién es Jesucristo?

Cuando llegó Jesús a las regiones de Cesarea de Filipo, preguntó a sus discípulos, diciendo: ¿Quién dicen los hombres que es el Hijo del Hombre? Ellos dijeron: Unos, Juan el Bautista; otros, Elías; y otros, Jeremías, o alguno de los profetas. Les dijo: Pero ustedes, ¿quién dicen que soy yo? Respondió Simón Pedro y dijo: ¡Tú eres el Cristo, el Hijo del Dios viviente! (Mt. 16, 13–16)

Antes de cualquier otra cosa que podamos decir sobre Él, debemos decir que Jesús es el Mesías.

Él es el Mesías. Es el Cristo de Dios. Estas dos palabras —*Mesías* y *Cristo*— llegaron al español desde el hebreo y el griego, respectivamente, y ambas significan «ungido». Es un título para Jesús, no (como algunos podrían suponer) su apellido.

Decir que Jesús es el Mesías es introducir una enorme historia a la conversación. No es sólo la historia del Israel del Antiguo Pacto, el Pueblo de Dios anterior a la venida de Jesús al mundo, la nación formada por Dios mismo a través del éxodo; es también la historia de la humanidad y su Caída en Adán y Eva. En el capítulo anterior hemos hablado de parte de esa historia, pero ahora volveremos a una parte de ella que aún no hemos mencionado.

A causa de la Caída, Dios comenzó un proceso de revelar a la humanidad el camino para salir de la muerte, el pecado, la corrupción y la esclavitud de los demonios. Lo hizo primero a través de un hombre que eligió especialmente para esta tarea, Abraham.

¿Adorando a Dios o dioses?

La historia de Abraham comienza al final de Génesis 11, no mucho después de la historia de Babel. Abraham (o Abram, como se le nombra al principio) vivía en Ur, la capital de la antigua Sumeria (en el actual Irak). Abram estuvo allí probablemente en la misma época en que se construía el Gran Zigurat de Ur.

Podemos imaginar por un momento que, cuando el sol se ponía y las estrellas empezaban a mostrarse en el cielo sumerio, un trabajador que construyera ese zigurat habría mirado esas estrellas. Al mirarlas, vio a los dioses que gobernaban los asuntos de los hombres. Y mientras miraba el zigurat deslizándose hacia la oscuridad, sabía que después de su finalización la gente de su civilización se pararía allí, ofrecería sacrificios y estaría en comunión con su dios.

Y luego, si se quedaba un rato más, vería la salida de la luna. Y cuando miraba la luna, veía al dios al que se dedicaba el zigurat: Nanna, que también se llamaba Nannar, Suen o Sīn. Nanna era el dios de la luna adorado en el paganismo sumerio, babilónico, acadio y asirio. (En muchos mitos paganos, la luna está asociada a una diosa, pero Nanna es representada como un hombre, lo que no es raro).

No habría ningún lugar en Ur donde no se pudiera ver esta montaña hecha por el hombre en la que se estaría llevando a cabo la idolatría de

Nanna. Los sonidos del culto llenaban las calles, y los olores de los sacrificios que se quemaban impregnaban el aire. De este modo, Nanna se convertía en parte de la comunidad, y ésta se inspiraba en esta comunión para imitarlo y obtener de él fuerza y prosperidad.

Pero el dios era un demonio. Y no quería que los sumerios prosperaran. Estaba empeñado en su destrucción, en inspirarles a continuar con él en su rebelión contra Dios.

Abram estaba rodeado de idolatría, e incluso cuando su padre Taré se llevó a la familia y se instaló en Harán, allí también se adoraba a Nanna. Es en este contexto que en Génesis 12 Dios le habla a Abram, diciéndole que deje este lugar, que abandone la casa de su padre y vaya a un nuevo lugar que Dios le mostraría, que se llamaba Canaán. Y cuando llegó a Canaán, a un lugar llamado Siquem, construyó un altar a Dios y lo adoró ofreciéndole un sacrificio (Gén. 12, 1–7).

Esta narrativa ya había tenido lugar con Noé. Dios llamó a Noé para que saliera de la maldad de la civilización existente, aunque en ese caso lo destruyó todo con un diluvio. En ambos casos, sin embargo, la civilización se representa en última instancia como descendiente no de Adán, sino de Caín. Es a través de la línea de Caín que la tecnología llegó a la humanidad (Gén. 4, 16-22), conocimiento que tradicionalmente se ha sostenido que llegó a través de la participación demoníaca.[12]

Así, Abram fue llamado a salir de la civilización de Caín, de la implicación con los demonios y de la participación en sus obras, para adorar a Dios, para comenzar la formación de una nueva nación, una nueva civilización. Al convertirse en el padre de esta nación y de muchas naciones, Abram se le cambió el nombre a Abraham. Se convirtió en el progenitor de Israel. Y, por tanto, se convirtió en el antepasado de Jesucristo.

Cuando Jesús se hizo hombre, no era la primera vez que el Hijo de Dios se aparecía a la

---

12 En los mitos paganos, esta entrega de conocimiento secreto se representa de forma positiva, como en el caso del Prometeo griego que da el fuego o el *apkallu* mesopotámico que dio el conocimiento antediluviano. Pero en la tradición cristiana, ese conocimiento llega a través de los demonios (e.g., en Génesis 3, o en la obra de san Ireneo, *Demostración de la predicación apostólica*, 18). La tecnología no es intrínsecamente demoníaca, pero los demonios se la dieron a los humanos antes de que estuvieran preparados para ella, lo que les llevó a su destrucción.

humanidad. Él se había aparecido muchas veces antes a Israel, aunque no haciéndose humano. E Israel lo conoció en esas apariciones anteriores como su verdadero Dios. Pero para entender cómo la venida de Jesús como hombre no fue su primera aparición en la tierra, y cómo el Hijo podía ser Dios mientras el Padre era también Dios, tenemos que entender algo sobre la forma en que los pueblos antiguos entendían e interactuaban con los seres divinos.

En nuestra época, mucha gente cree que los pueblos antiguos empezaron creyendo en muchos dioses y luego eliminaron la creencia en esos muchos dioses para creer y adorar a un solo Dios, que era visto como una sola persona. Y luego el cristianismo entró en escena y dijo que Jesús también es Dios, explicando que hay un Dios que puede ser múltiples personas a la vez.

Pero esa historia de la religión es errónea.

Por un lado, la mayoría de los antiguos paganos no empezaron adorando a muchos dioses. La mayoría reconocía la existencia de muchos dioses dignos de ser adorados, pero en realidad sólo adoraban a uno, que normalmente consideraban local. El dios podía tener una asociación particular, como la Atenea griega con la sabiduría o el Perkūnas báltico con el rayo, pero la relación principal era territorial. Esto se llama henoteísmo.

El verdadero politeísmo en el sentido de adorar a muchos dioses surgió a través de la conquista. Los dioses de los territorios conquistados se incorporaron al culto de los conquistadores, que esperaban así que el dios del territorio que habían conquistado estuviera de su parte y no incitara al pueblo conquistado a rebelarse contra ellos. A partir de esta agrupación por medio de la conquista se desarrollaron panteones con múltiples dioses asignados a diversos aspectos de la vida, y en muchos casos sus historias tradicionales se fusionaron para formar parte de una misma comunidad. En el caso de imperios como el de Roma, los conquistadores a menudo decían a los lugareños que su dios era en realidad la misma persona que un dios que Roma ya adoraba. Zeus y Artemisa de los griegos eran sólo nombres diferentes de Júpiter y Diana de los romanos, decían. Esta amalgama de cultos facilitaba la agrupación de dioses en un panteón y la consolidación de una identidad imperial común basada en un culto común.

Frente a todo este politeísmo, ¿qué pasa con el antiguo Israel? Ellos adoraban a un solo Dios. Si le hubieras preguntado a un judío que viviera en la época y lugar de Jesús a cuántas personas adoraba, ¿qué te diría? Si crees que diría «uno», te equivocarías. Por el contrario, los judíos de la época y el lugar de Jesús muy probablemente habrían respondido a esa pregunta con «dos» o a veces «tres».

¿Cómo puede ser eso posible? ¿No es la doctrina cristiana de la Trinidad —tres Personas divinas que son una en esencia— una novedad con la venida de Jesús en el primer siglo?

Para entender cómo el antiguo Israel pudo haber adorado a múltiples Personas divinas y al mismo tiempo creer y adorar a un solo Dios, tenemos que darnos cuenta de que tal concepto —múltiples personas que son un solo ser divino— era realmente normal en el mundo antiguo. Era normal incluso para los paganos.

Los paganos egipcios, por ejemplo, identificaban a su dios solar Ra como un ser espiritual. Y el sol en el cielo también era Ra. Y el faraón (su rey) también era Ra. Y el ídolo que adoraban en el templo también era Ra. Todas estas manifestaciones concretas eran tratadas como Ra.

No era como si vieran a Ra como un espíritu móvil que habitaba en el sol en un momento, en el faraón al siguiente, o en el ídolo en otro momento. Por ejemplo, no suspendían los sacrificios en el templo cuando el sol estaba en el cielo, ni veían ninguna contradicción en que Ra estuviera en el cielo y en el ídolo y también en la voz de su faraón, todo al mismo tiempo. Ra era, para ellos, un único ser que tenía múltiples manifestaciones concretas concurrentes (el término técnico para esto es *hipóstasis*).

¿Por qué es esto importante para entender quién es Jesús? Porque los pueblos antiguos, incluido Israel, no eran monoteístas unitarios (personas que creen y adoran a un dios que es un solo ser y también una sola persona concreta). Así que cuando Jesús apareció en escena en el primer siglo, diciendo que era Dios, y sus discípulos dijeron que era Dios, aunque también consideraban que Dios Padre estaba «en el cielo», esto no contradecía en absoluto la idea de que Israel adoraba a un solo Dios.

De hecho, Israel se había encontrado con Él antes. Él no había sido invisible. Ellos habían visto a Dios antes.

El Hijo y la Palabra de Dios

En el Antiguo Testamento se dice que Dios se apareció muchas veces: a Adán y Eva cuando caminaba por el Jardín del Edén (Gén. 3, 8), a Abraham en el encinar de Mamre (Gén. 18, 1) y a Jacob cuando luchó con él en la noche (Gén. 32, 24). Los profetas vieron a menudo visiones de Dios: en su trono en el cielo (Is. 6, 1; Ez. 1, 26-27), o encima del Arca de la Alianza (Lev. 16, 2), o incluso hablando cara a cara con Moisés (Éx. 33, 11). Se podría seguir y seguir. Incluso hubo un período en el que Dios habitó con Israel y lo acompañó visiblemente durante más de cuarenta años, una presencia tan familiar para el pueblo que lloró cuando los dejó (Jue. 2, 1–4).

Estas manifestaciones visibles de Dios se denominan a menudo en el Antiguo Testamento «el Ángel del Señor» (Gén. 16, 7-11; 22, 11-15, etc.) o «la Palabra del Señor» (Gén. 15, 1-4; 1 Sam. 3, 21; 15, 10, etc.). El lenguaje que el Antiguo Testamento utiliza para esta figura es el que se emplea únicamente para Yahvé, el Dios de Israel, su Creador y Señor. Por ejemplo, cuando el Ángel del Señor se le apareció a Moisés en la zarza ardiente (Éx. 3, 2), unos versículos más tarde se identifica a quien le habla desde la zarza como Dios (Éx. 3, 4–6).

Entonces, teniendo en cuenta todo esto, ¿cómo es que san Juan, escribiendo sobre Jesús, puede escribir en Jn. 1, 18 que «A Dios nadie le vio jamás»? ¿Acaso el apóstol Juan simplemente no conocía al Ángel del Señor, la Palabra del Señor que es Dios mismo?

A veces, cuando la gente cita Jn. 1, 18, se olvida de la segunda mitad del versículo, que dice: «el Hijo único,[13] que está en el seno del Padre, él le ha dado a conocer».

Este versículo es, en realidad, la culminación de un pensamiento que Juan había estado haciendo desde el principio del capítulo.

---

13 El griego *monogenés* en Jn. 1, 14.18 se traduce como «unigénito» en varias Biblias, pero hay buenos estudios que apuntan a su significado de la época bíblica como «único», que se refleja en otras traducciones. Por supuesto, Jesús también es el Hijo unigénito de Dios, pero ese no es el objetivo de Juan 1. El énfasis aquí está en la singularidad de la filiación de Jesús, porque también hay «hijos de Dios» que son ángeles.

Comienza diciendo: «En el principio era la Palabra, y la Palabra era con Dios, y la Palabra era Dios» (Jn 1, 1). Más adelante dice, «Y la Palabra se hizo carne y habitó entre nosotros, y contemplamos su gloria, como la gloria del Hijo único del Padre lleno de gracia y de verdad» (Jn. 1, 14).

En otras palabras, esta figura que había aparecido tantas veces en el Antiguo Testamento —este Ángel del Señor o Palabra del Señor, que es efectivamente Yahvé, el Dios de Israel— es de hecho el propio Hijo de Dios, Jesucristo. San Juan se está refiriendo al conocimiento existente de la aparición de Dios y diciendo que esta Segunda Persona de Yahvé que Israel siempre había conocido es ahora hombre, y ese hombre es Jesucristo.

Por lo tanto, no estaba diciendo que nadie había visto a Dios. Estaba diciendo que cada vez que alguien veía a Dios, era el Hijo y la Palabra de Dios a quien veían. Y Él está ahora aquí entre nosotros. Es Jesucristo. Sobre esta base se declara que Jesús es Dios en el Nuevo Testamento.

El Mesías de Israel

Sin embargo, hay algo nuevo que se declara, y es que el Hijo de Dios es ahora hombre. Y es el

Dios-hombre Jesucristo el que se presenta como el tan esperado Mesías. Aunque esa expectativa se deriva de la misma creación de la humanidad en Génesis, es con Abraham que vemos un claro sentido de que el propósito del Mesías era salvar a la humanidad del mal que la había enredado.

Dios preparó el camino para el Mesías dando una forma de vida a los descendientes de Abraham (los que imitaron su obediencia, no sólo los que descendían genéticamente de él), que fueron llamados hebreos («cruzadores») y más tarde judíos («pueblo de Judea»). Pero, sobre todo, se les llamó Israel, la nación que Dios creó para sí en el éxodo de Egipto. Dios habló a este pueblo elegido a través del profeta Moisés en el éxodo y luego a través de otros profetas.

A Moisés, Dios le reveló que debía ser conocido por Israel como Yahvé, que significa «Yo soy» o «El que es» o, más literalmente, «El que hace que exista» (enfatizando su papel como Creador de todas las cosas, una de las muchas formas en que se diferenciaba de los dioses de las naciones). El Nuevo Testamento hace uso de este «Yo soy» en su texto griego. Este nombre indicaba que el modo de vida que revelaba tenía por objeto permitir a su pueblo saber quién es Dios, conocer a su Creador no sólo intelectualmente, sino de forma verdaderamente personal.

Esta forma de vida revelada a través de Moisés tenía un propósito: enseñar a Israel y a las naciones de su entorno a reconectarse con Dios para que pudieran conocerlo verdaderamente y estar en comunión con Él (aunque todavía no con la plenitud que vendría a través de Cristo). Al obedecerle y adorarle, participaron en Él y se asemejaron más a Él, porque eso es lo que ocurre cuando se participa en la adoración de su dios. La idolatría logra lo mismo, aunque los idólatras se vuelven como sus falsos dioses-demonios (cf. Salmos 115 y 135).

Dios se mostró a Israel no sólo como su deidad, sino como su Padre, lo que hablaba de su deseo de una conexión íntima y cercana. A lo largo de los siglos que siguieron a Abraham y Moisés, Israel fue a veces fiel a Dios, pero a menudo perdió el rumbo.

Sembrada en las profecías de estos hombres de Dios y creciendo en la tradición de Israel estaba la esperanza del llamado Mesías, una palabra del hebreo que significa «ungido». Tendemos a pensar en *mesías* como una palabra reservada para Jesús, pero en el Antiguo Testamento ya se utilizaba desde hacía tiempo, incluso al margen de la esperanza específica de una figura salvadora que rescataría a Israel.

Moisés era una especie de mesías: un hombre enviado por Dios para sacar a su pueblo de la esclavitud en Egipto, de la opresión de los dioses egipcios. Dios lo apartó específicamente para esta tarea, para despertar a su pueblo de la esclavitud del faraón egipcio y llevarlo a la Tierra Prometida. En la tradición judía, la esperanza mesiánica se expresaba a veces comparando al Mesías con Moisés. Moisés es incluso llamado explícitamente «mesías» en un texto apócrifo de los Manuscritos del Mar Muerto (4Q377, Pentateuco Apócrifo).

En Levítico 4, 3–5, *mesías* se usa para referirse al «sacerdote que es ungido». Se utilizaba no sólo para un sacerdote en particular, sino para cualquier persona apartada para el servicio de Dios. Se utiliza para el rey de Israel, especialmente David, cuyo linaje real llegó a ser visto como particularmente apartado por Dios.

Recordemos que David es ungido por el profeta Samuel, lo que le convierte en un «ungido». Pero, aunque David y su línea, establecidos por Dios como reyes sobre Israel, ocupan un lugar importante en la tradición mesiánica, otros son llamados mesías, como los Doce Patriarcas o incluso Ciro, el gobernante pagano de los persas a quien Dios utilizó para conquistar Babilonia y enviar a Israel de vuelta a Jerusalén tras su exilio entre los babilonios.

La visión de la promesa mesiánica como la liberación del cautiverio y la esperanza de la restauración de la realeza de David se desarrolló particularmente después de ese regreso del exilio, cuando la realeza no fue asumida por un descendiente de David sino por los sumos sacerdotes, que no se declararon reyes pero que aun así actuaron como gobernantes de Israel hasta la época de los macabeos. Los macabeos, que tampoco eran descendientes de David, dieron lugar a los asmoneos, que gobernaron Palestina durante cerca de un siglo hasta la conquista de los romanos. Los romanos, por supuesto, establecieron sus propios reyes clientes, como Herodes, que tampoco descendía de David.

La esperanza seguía siendo que vendría un libertador, uno que era tanto «el hijo de David» como «el ungido del Señor». Podemos ver en la historia del uso de *mesías* en el Antiguo Testamento mucho de lo que prefigura a Jesús, que es el Hijo de David, el profeta, el sacerdote, el rey, el libertador de los cautivos, el que saca a su pueblo del desierto, el que aleja de la idolatría, etc.

El Mesías se menciona varias veces en los Salmos y se profetiza en el Libro de Daniel, donde se le describe particularmente en términos de la restauración de Israel tras el regreso del exilio en Babilonia. Daniel pasó toda su vida en el exilio de Babilonia y con la esperanza del Mesías.

El salvador del mundo

Pero no debemos pensar que la esperanza mesiánica de un salvador es una esperanza provinciana limitada a Israel, aunque parece que había algunos en la época de Jesús que pensaban así. No, esta esperanza de un redentor, uno que restauraría a su pueblo, es algo que se remonta incluso a Adán y Eva y a todos sus descendientes.

La historia de Israel en el Antiguo Testamento a menudo cuenta la historia de la humanidad en microcosmos. Vemos el éxodo de Egipto y el regreso del exilio de Babilonia, y ambos son imágenes del regreso de la humanidad del exilio del Paraíso con la Caída de Adán y Eva: una restauración al Reino de Dios.

Y en ambos relatos, vemos una lucha y una purificación del pueblo de Israel mientras vagaba por el Sinaí en el Éxodo o mientras languidecía en el cautiverio en Babilonia. Esa es también nuestra propia historia, una historia de lucha y purificación en el camino hacia la Tierra Prometida del Reino de Dios (véase 1 Cor. 10, 1–12).

Por eso necesitamos conocer la historia de Israel en el Antiguo Testamento. No se trata simplemente de la narrativa de los orígenes históricos de un conglomerado de tribus de Oriente Medio, sino de la historia de la humanidad, tanto judía como gentil. Así como el matrimonio del profeta Oseas con la mujer infiel era una imagen de la relación de Dios con Israel, la relación de Dios con Israel es una imagen de su relación con la humanidad en su conjunto. Lo que era Israel, también lo era la humanidad. Y lo que Israel ha llegado a ser —el Israel renovado, la Iglesia— es lo que la humanidad también puede llegar a ser. Cuando la historia del Israel del Antiguo Pacto llegó a su plenitud, el Mesías, el Ungido de Dios —en griego, *Christós*, traducido al español como Cristo— fue finalmente revelado.

Hace algo más de dos mil años, María, una joven virginal descendiente de David, recibió un mensaje de un arcángel, una de las huestes del cielo que rodean y sirven a Dios. Le habló de la llegada de un salvador que sería el Mesías y salvaría a su pueblo de sus pecados. El Espíritu Santo vendría sobre María, y ella concebiría al Hijo de Dios, Jesús, sin ninguna participación de un padre terrenal (Lucas 1, 26-38). El nombre *Jesús* significa «Yahvé salva».

Dios había elegido a María para esta impresionante tarea por su pureza y su corazón obediente. Ella aceptó de buena voluntad, diciendo: «He aquí la sierva del Señor; hágase conmigo conforme a tu palabra» (Lc. 1, 38). Y Dios también reveló a su prometido, José, la naturaleza de este embarazo y quién sería el que nacería de ella (Mt. 1, 18-21).

¿Y quién es este Hijo de Dios? Ya hemos dicho muchas cosas sobre Él, pero he aquí un resumen de quién es: Es divino y humano, plenamente Dios y plenamente hombre. Es la segunda persona de la Santísima Trinidad, formada por el Padre, el Hijo y el Espíritu Santo. Es humano en todos los sentidos, pero sin pecado. Es una Persona divina con dos naturalezas: divina y humana.

Con la Encarnación —una palabra que significa «hacerse carne», indicando que Dios se ha hecho realmente hombre— la humanidad se une ahora a Dios.

La vida de Jesús

Cuando Jesús nació en Belén de Judea (una ciudad de Israel, la ciudad de David), se anunció su venida: los ángeles se aparecieron a los pastores cercanos (Lc. 2, 8–20), y una estrella se apareció a los sabios de Oriente (probablemente Persia), que viajaron desde allí para encontrarlo (Mt. 2, 1–12).

Jesús creció como cualquier niño humano. A la edad de treinta años, se acercó a san Juan Bautista (también llamado Juan el Precursor) en el río Jordán y fue bautizado allí por él: se sumergió en el agua y salió de nuevo. En este evento, san Juan dijo de Él, «He aquí el Cordero de Dios, que quita el pecado del mundo» (Jn. 1, 29).

El bautismo de Jesús dio comienzo a su misión de santificar toda la creación, expulsar a los demonios y restablecer el gobierno de Dios (entraremos en más detalles al respecto en el capítulo 4). Durante sus tres años de ministerio público en la Tierra, no sólo enseñó los mandamientos de Dios, sino que también sanó a la gente de sus enfermedades, tanto espirituales como físicas. Jesús centró su ministerio especialmente en doce discípulos, que procedían en su mayoría de las clases trabajadoras, especialmente de los pescadores. Cuando su misión llegaba a su fin, uno de sus discípulos, llamado Judas Iscariote, lo traicionó y lo entregó a las autoridades judías locales. Estas, a su vez, lo entregaron a las autoridades imperiales romanas, que lo crucificaron por la autoridad del gobernador Poncio Pilato. Jesús fue condenado legalmente como blasfemo contra la ley judía.

La pena de crucifixión —ser clavado en una gran cruz de madera y colgado allí para asfixiarse hasta morir— era utilizada por los romanos para ejecutar a las personas más bajas de la sociedad, las peores de las *non personae*. Puede parecer extraño que a los romanos les importara que alguien blasfemara contra la ley judía (consideraban a los no romanos básicamente equivalentes al ganado y no les importaban sus costumbres), pero su principal preocupación era mantener la paz. Como tenían razones para creer que Jesús sería la ocasión de un motín, tenía sentido ejecutarlo. Era más fácil detener una revuelta ejecutando a un hombre que mantener la paz masacrando a los lugareños (cosa que hacían a menudo).

Jesús murió un viernes, el día anterior a la mayor fiesta anual de Israel, la Pascua, un día que conmemoraba su liberación de la esclavitud en Egipto y que los formó como pueblo. Jesús resucitó al tercer día, el domingo. Mediante esta muerte y resurrección voluntarias, Jesús rompió el poder de la muerte sobre toda la humanidad para siempre, convirtiéndose Él mismo en el cumplimiento de la Pascua.

Tras su resurrección, fue visto con vida por muchos, incluidos los once discípulos (Judas, en su remordimiento por haber traicionado a Cristo, ya se había suicidado) y muchos otros. Pasó otros cuarenta días en la Tierra, instruyendo aún más a sus once discípulos para equiparlos como *apóstoles*, palabra que significa «aquellos enviados a una misión». Después de esos cuarenta días, ascendió físicamente al cielo mientras los apóstoles observaban.

Así que cuando decimos que Jesús es el Mesías y el Salvador del mundo, esto es lo que queremos decir. Queremos decir que Él es la esperanza no sólo del Israel del Antiguo Testamento, sino de toda la humanidad. Israel, como pueblo elegido por Dios en el Antiguo Pacto, sirvió de imagen para el relato que definía a toda la humanidad. Jesús es el Mesías de Israel —el Cristo—, el que los redimiría, el Hijo de David que los sacaría del exilio, el Ungido que restauraría la realeza y el sacerdocio en Israel. No sólo es el Hijo de David, sino el Hijo de Dios, y por eso es el Mesías no sólo del Israel del Antiguo Pacto, sino también del Israel renovado, la Iglesia, el Nuevo Pacto al que está invitado toda la humanidad, incluidos los judíos. Él nos ha sacado a todos de la esclavitud en el Egipto de nuestro pecado, del exilio en la Babilonia de nuestras pasiones, de la idolatría de adorar a todo lo que no sea Él.

Cuando decimos que Jesús es el Mesías, asumimos todo este trasfondo del Antiguo Testamento y lo que hizo en el Nuevo Testamento. Si no lo sabemos, entonces no tiene sentido llamarlo Mesías. No tiene sentido llamarlo el Ungido si no sabemos cuál es el propósito por el que fue ungido. No tiene sentido llamar a la Iglesia el Nuevo Israel si no sabemos nada del Antiguo Israel.

A medida que aprendemos el evangelio, no necesariamente tenemos que tener toda esta historia memorizada, ¡y también hay mucho más que saber! Pero sí necesitamos saber que Jesús, como Mesías, es el Ungido que fue enviado por Dios para sacar a su pueblo de la esclavitud, el exilio y la idolatría, para restaurar y perfeccionar la realeza y el sacerdocio, para derrotar la opresión demoníaca. Él es el cumplimiento de toda la profecía del Antiguo Testamento, la culminación de las esperanzas no sólo de los judíos sino de toda la humanidad desde Adán y Eva.

Una vez que se nos ha presentado quién es Él, podemos preguntarnos, con razón, ¿qué es lo que ha logrado?

CAPÍTULO 4

¿Qué logró Jesucristo?

¿Dónde está, oh muerte, tu aguijón?
¿Dónde está, oh hades, tu victoria?
¡Resucitó Cristo, y tú fuiste abatido!
¡Resucitó Cristo, y han caído los demonios!
¡Resucitó Cristo, y se alegran los ángeles!
¡Resucitó Cristo, y la vida reina!
¡Resucitó Cristo, y no hay
ningún muerto en la tumba!
(Homilía Pascual de San Juan Crisóstomo)

En el capítulo 2 vimos por qué era necesario el evangelio, con los tres problemas que conforman la Caída: la muerte, el pecado y el dominio de los demonios. Los tres fueron gestionados, pero no derrotados bajo el Antiguo Pacto. En el

Nuevo Pacto, lo que Jesucristo logró fue derrotar estos tres problemas, aunque más o menos en orden inverso.

Sin embargo, antes de entrar en detalles, es fundamental que entendamos esto: la misión de Cristo es una misión de amor. Ningún dios pagano amó jamás a sus adoradores. Por eso, el anuncio del Evangelio fue profundamente sorprendente y revolucionario para el mundo antiguo: que el Dios del cosmos, el Dios de los dioses, el Señor de señores, el Señor de los ejércitos, se acercara con amor a los seres humanos humildes —incluyendo a las mujeres, los niños y los esclavos, a quienes el mundo antiguo veía como no completamente humanos— y los rescatara de los demonios, el pecado y la muerte.

Es en este marco del amor abnegado de Dios que ahora examinaremos los tres logros de Cristo que son clave para el evangelio.

Deshaciendo la Caída: Exorcismo

Después de Babel, la humanidad fue sometida al dominio de los demonios, expresado y reforzado especialmente a través de la idolatría, la adoración de los ángeles caídos. Participar en actividades demoníacas te pone en comunión con los demonios, y eso te hace más parecido a ellos.

La forma más obvia de participar con los demonios es a través de la idolatría, en la que se ofrecen sacrificios a los demonios, que luego son comidos por los adoradores. Esta comida compartida es un acto de comunión, que convierte al demonio en parte de su comunidad y le da influencia sobre su vida. Ningún cristiano del mundo antiguo consideraba estos rituales como falsos. Entendían que funcionaban. Te ponen en comunión con tu dios.

Esta dinámica también funciona incluso a través de una adoración menos obviamente «religiosa», es decir, sacrificando a las pasiones que siempre se inflaman a través de la actividad demoníaca. Así, aunque alguien de nuestros días no ofrezca sacrificios de animales u otros alimentos a Afrodita, puede sacrificar su tiempo, sus posesiones, sus relaciones, etc., en pos de la belleza física. O puede que no adore a Loki, pero hará sacrificios en su vida para atormentar a otros. Otros sacrificios podrían ser la gula, la ira, el poder, etc. Tales sacrificios tienen un efecto similar al de poner un toro sacrificado en un altar a Zeus.

Asimismo, cualquier actividad pecaminosa es una participación con los demonios: «El que practica el pecado es del diablo; porque el diablo peca desde el principio» (1 Jn. 3, 8a). Y hasta los propios deseos están ligados al diablo si uno se asocia con él (Jn. 8, 44).

Bajo el Antiguo Pacto, la dominación de las naciones por los demonios se gestionó mediante la creación de una nueva nación, Israel. Pero eso no acabó con el problema, pues Israel fue tentado a la idolatría muchas veces y cayó en ella. Había que expulsar a los demonios de una vez por todas.

Por lo tanto, podemos ver por qué un aspecto importante del ministerio de Jesús fue el exorcismo, la expulsión de demonios: «Para esto apareció el Hijo de Dios, para deshacer las obras del diablo» (1 Jn. 3, 8b). Destruir las obras del diablo no es sólo una de las cosas que hizo Jesús, sino que es el propósito mismo de su manifestación en la tierra.

Por lo tanto, los exorcismos que Jesús realizó en su tiempo en la tierra no fueron un mero espectáculo para demostrar su poder o una solución *ad hoc* para las dolencias corporales de la gente. Expulsar a los demonios era el núcleo de su misión. Él había venido a reclamar el mundo para el Reino de Dios, así que tiene sentido que pasara tiempo expulsando a los opresores y falsos gobernantes.

Uno de los principales temas que vemos en la misión de exorcismo de Jesús es que, a menudo, las personas son curadas de enfermedades al mismo tiempo. Al expulsar a los demonios, Jesús curó la locura (Lc. 8, 26-37), los ataques (Mt. 17, 14-21), la ceguera y la mudez (Mt. 12, 22-32), etc. ¿Por qué la salud física está tan relacionada con el exorcismo? Porque se entendía que todos los males del mundo estaban ligados a la actividad demoníaca. Eso no significa que todos los enfermos estén «poseídos» por un demonio o hayan cometido algún gran pecado, pero sí que la enfermedad está asociada a los demonios.

Quizá lo más interesante en términos de exorcismo sea recordar el bautismo de Jesús por san Juan el Precursor. La iconografía cristiana tradicional de esa escena muestra a los dioses del agua en el río bajo los pies de Jesús (generalmente pequeñas figuras montadas en peces o monstruos marinos, y a menudo hay criaturas draconianas o serpentinas que son aplastadas bajo sus pies). El punto aquí es que Él estaba

superando el caos de toda la creación que se asocia con estos falsos dioses. En otras palabras, el
ministerio de exorcismo de Jesús era de alcance
cósmico. Los demonios tenían que ser destruidos y expulsados, no sólo de las personas, sino
de la propia creación.

Deshaciendo la Caída: Perdón de pecados

Como hemos visto, en la época de Jesús se consideraba que el pecado era obra del diablo o de
otros demonios. Esta concepción contrasta con
la visión moderna que tienen algunos cristianos, que tienden a ver el pecado principalmente
como una transgresión de una ley. Si el pecado
se ve únicamente como una infracción de la ley,
entonces es un crimen que merece un castigo.
Por lo tanto, el pecado se trata con penas legales.
Dentro de ese modelo, lo que hizo Jesús fue asumir la pena por el pecado para que los cristianos
no fueran castigados.

Esa visión de Cristo como sustituto de la
humanidad puede no ser del todo errónea, pero
es sólo una pequeña parte de la historia. El problema del pecado no es que los pecadores ten-
gan un oprobio en su contra. Es que han sido

transformados por el pecado en personas que se relacionan con los demonios. Imitan a los demonios porque están en comunión con ellos. Y eso se aplica no sólo a ciertos grandes pecadores, sino a todo pecador, es decir, a toda persona.

Al ser un problema existencial y no meramente legal, el pecado es, por tanto, una especie de enfermedad e incluso de adicción. Eso significa que el perdón de los pecados implica cambiar a la persona humana en alguien que está en comunión con Dios y en el proceso de llegar a ser como Él en lugar de lo que resulta de la comunión demoníaca.

Bajo el Antiguo Pacto, el pecado se gestionaba a través del sistema de sacrificios y purificaciones recogido en la ley levítica. Los sacerdotes ofrecían sacrificios de animales y otros alimentos, además de practicar la purificación con sangre y cenizas, centrada especialmente en el ritual del Día de la Expiación. Estas acciones limpiaban a Israel del pecado, pero no ponían fin al mismo.

El logro de Cristo fue destruir el poder del pecado dando una limpieza verdadera y permanente a través de la ofrenda de su propia sangre en la cruz y a través de su resurrección. Este perdón se recibe inicialmente a través del bautismo cristiano, dado a semejanza del Diluvio de Noé (1 Pe. 3, 20-21). Y cuando los cristianos vuelven a caer en el pecado, éste puede ser perdonado mediante la confesión (Jn. 20, 23; 1 Jn. 1, 9) y la Eucaristía (Mt. 26, 26-28).

Deshaciendo la Caída: Resurrección

La misión de Cristo en este mundo de establecer el Reino y de derrotar y expulsar a sus enemigos se completa finalmente en su destrucción del último enemigo, que es la propia muerte: «entonces *vendrá* el fin, cuando Él entregue el reino al Dios y Padre, después que haya abolido todo dominio y toda autoridad y poder. Pues Cristo debe reinar hasta que haya puesto a todos sus enemigos debajo de sus pies. Y el último enemigo *que* será abolido *es* la muerte» (1 Cor. 15, 24–26).

La resurrección es absolutamente crucial para el cristianismo porque es el triunfo pleno y final de Jesucristo. Es lo que hace que el cristianismo sea lo que es. Es el corazón mismo del evangelio.

Para entender el significado completo de la resurrección, tenemos que mirar más de cerca quién es Jesús y cómo eso encaja en lo que significa que Él resucitó de entre los muertos. El cristianismo es único en esta afirmación: Dios se hizo verdaderamente hombre, verdaderamente murió y luego verdaderamente se levantó de la tumba. Ninguna otra religión hace esta afirmación sobre sí misma. Ninguna otra se atreve a decir que el Dios-hombre ha muerto y ha vuelto a la vida.

Ahora se puede objetar: ¿No hay antiguos dioses paganos que se convirtieron en hombres? Hay muchos que aparecieron en *forma* de humanos, sin duda. Pero esos mismos dioses solían aparecer como toros, serpientes o gatos. Nadie dijo nunca que se *convirtieran* en hombres en el sentido de que tuvieran realmente una naturaleza humana y al mismo tiempo conservaran la naturaleza de Dios. Una cosa eran los dioses y otra los mortales. Un dios podía parecer un hombre, pero no se convertía en uno. Lo mejor que se consigue es un avatar, un dios con forma de hombre, o un semidiós, una especie de medio dios, medio hombre.

Jesucristo es único entre todas las afirmaciones de deidad en el sentido de que afirma ser el Hijo de Dios, verdaderamente Dios en todas las cosas, que se convirtió en el Hijo de María, verdaderamente humano en todas las cosas. El hecho de que alguien haya afirmado algo así es una locura, teniendo en cuenta estos antecedentes: los dioses no se rebajarían a hacerse humanos. Y sólo pareció aún más loco cuando los filósofos paganos empezaron a plantear un dios creador único y omnipotente. Una vez que estuvieron de acuerdo con la existencia de un dios tan fuera del tiempo y del espacio que ya no se parecía a los insignificantes dioses paganos, la idea de que viniera entre nosotros como un verdadero hombre era aún más impensable. La tendencia religiosa del primer siglo no era hacer que la deidad se pareciera más a la humanidad. Al contrario, la religión empezaba por deshumanizar a Dios.

También se puede objetar: ¿No había antiguos dioses paganos que morían y volvían a la vida? En el siglo XIX, la categoría del «dios que muere y resucita» llegó a ser muy discutida en los círculos académicos. Se propusieron muchos nombres: el semítico Baal; los griegos Adonis, Dionisio y Perséfone; los egipcios Ra y Osiris; la acadia Ishtar; y el coreano Bari. Pero la mayoría de los dioses paganos que mueren no resucitan. Y la mayoría de los que resucitan no lo hacen como la misma deidad, sino que se transforman en otra de alguna manera. Además, ninguno de esos dioses que mueren pretende ser Dios en el sentido en que lo es el Dios de Abraham, Isaac y Jacob. Ninguno de ellos es el único y verdadero Dios que es la razón de la existencia, el que sostiene la realidad con su poder, el que creó todas las cosas, está por encima de todas las cosas, está fuera de todas las cosas y sin embargo dentro de todas las cosas. Ese tipo de dios no es propuesto por los paganos hasta más tarde.

Y cuando ese tipo de dios fue propuesto por la filosofía griega, la idea de que pudiera morir no habría tenido sentido para nadie. Si toda la existencia dependía de «el Único», el Inconmovible, entonces ¿cómo podría morir ese Único? La muerte no tiene sentido en ese mundo filosófico de la deidad increada, en el que el verdadero Dios no contempla nada más que a sí mismo. En ese modelo, incluso la creación tiene que ser realizada por un ser divino separado llamado demiurgo.

Así que, aunque en los siglos XIX y XX los eruditos jugaron con la idea de que Jesús era solo un dios entre muchos que murió y resucitó, la lectura de esos relatos paganos en su integridad muestra que ninguno de ellos hizo realmente la afirmación que los cristianos hacen sobre Jesús. Jesús es el único Dios verdadero hecho verdaderamente humano que realmente muere y luego se levanta verdaderamente de entre los muertos. Incluso los eruditos no cristianos han abandonado básicamente el argumento de su no unicidad, aunque, por supuesto, todavía tiene vigencia en los medios populares y en Internet.

Cuando los cristianos dicen «Cristo ha resucitado», no se trata de una variante provinciana de un tema religioso universal. Nos atrevemos a decir algo que nunca antes se había dicho. Ninguna de las religiones que siguieron al surgimiento de la Iglesia se atrevió a decir lo mismo. Todas se han echado atrás de una u otra manera, generalmente en lo que respecta a la verdadera deidad de Jesús o a su verdadera humanidad. Sencillamente, no se atrevieron a decir que el único Dios verdadero se hizo hombre verdadero, murió de verdad y resucitó de verdad.

Es fundamental que entendamos la singularidad del mensaje cristiano tradicional sobre la muerte y resurrección de Jesús. Por eso, cuando se predicó por primera vez el mensaje del evangelio, a la mayoría de la gente le pareció nada creíble: era absurdo, no se parecía a nada que hubieran escuchado antes. E incluso ahora, es increíble para la mayoría de las personas por exactamente la misma razón. Que Dios pueda realmente hacerse hombre, que pueda haber una resurrección de los muertos, y que dicha resurrección comience con el Dios-hombre parece una locura para la mayoría de las personas hoy en día, a veces incluso para los cristianos.

Una vez alguien me contó un intercambio que tuvo con su sobrina adolescente en París. Ella se había criado como una devota metodista en el sur de Estados Unidos. Estaban asistiendo a la misa de Pascua en la catedral de Notre Dame. Su sobrina se dirigió a él y le dijo: «¿Dónde está el cuerpo de Jesús?».

Él respondió: «Resucitó de entre los muertos».

Ella dijo: «Sí, pero ¿qué pasó con su cuerpo?».

Resulta que esta joven, criada toda su vida como piadosa feligresa, creía que el alma de Jesús había resucitado, pero que su cuerpo había quedado en alguna parte. Y quería saber dónde lo habían guardado.

Cuando Jesús resucitó de entre los muertos, no fue una experiencia «espiritual» etérea. Nos referimos a que el corazón que había dejado de latir comenzó a bombear sangre de nuevo, que el alma que había descendido al Hades fue puesta de nuevo en Su cuerpo, que los pulmones que habían dejado de respirar aire de repente volvieron a respirar. El Dios-hombre que tenía clavos clavados en sus manos y pies y una lanza clavada en su costado, que gritó con una voz fuerte, inclinó su cabeza y luego entregó su espíritu, ese Dios-hombre que había sido crucificado como un ladrón salió de su tumba con las dos piernas que se habían formado cuando estaba creciendo en el vientre de su madre, la Virgen María. Su cuerpo resucitado funcionaba de forma diferente al anterior, sin duda, pero seguía siendo su propio cuerpo, y seguía siendo el mismo Jesús. Y la tumba está vacía.

Cuando los cristianos decimos que Cristo ha resucitado, deberíamos decirlo tan claramente que la gente se riera de la idea porque es una locura. Debería sonar como una locura para la gente. Debería sonar tan raro como la idea de que un cuerpo que yace en el ataúd en un funeral se levante de repente, arroje al suelo todas las cosas que la gente pone en los ataúdes y pida una mano para salir.

Y tampoco se trata de una vida de zombi, ni de una no-muerte en la que un cuerpo sin mente y quejumbroso, animado por alguna fuerza maligna, va de un lado a otro en busca de cerebros que masticar. No, ésta es vida en su sentido más verdadero y pleno, una vida que se podía ver en sus ojos y en su sonrisa, en su forma de hablar, en el hecho de que comía pescado y pan e incluso miel como postre.

¡Está vivo! Cristo ha resucitado, y esto lo cambia todo.

Por si no fuera suficiente con la loca afirmación de que Dios se hizo hombre y de que el Dios-hombre murió, ahora estamos hablando de que alguien que está muerto se levanta y *no está muerto*. Esto no es normal.

Este evangelio no es un pequeño consuelo espiritual desnaturalizado que nos hace sentir bien. Este evangelio es el Dios que creó todas las cosas abriéndose paso en nuestra realidad, destrozando la muerte y aniquilando su poder.

Cristo ha resucitado y la muerte ha sido asesinada: «¿Dónde está, oh muerte, tu aguijón? ¿Dónde está, oh Hades, tu victoria?» (1 Cor. 15, 55).

Como el apóstol Pedro se levantó el día de Pentecostés y dijo: «Sepa, pues, con certidumbre toda la casa de Israel, que a este mismo Jesús a quien ustedes crucificaron, Dios le ha hecho

Señor y Cristo». (Hch. 2, 36): este Jesús, cuya alma no fue abandonada «en el Hades, ni su cuerpo vio corrupción. ¡A este Jesús lo resucitó Dios, de lo cual todos nosotros somos testigos!» (Hch. 2, 31-32).

Este evangelio de la resurrección era tan poderoso que todos los doce apóstoles, excepto uno, fueron asesinados por enseñarlo, porque el mensaje excluía el culto a los dioses romanos sobre los que se había construido el imperio y declaraba el advenimiento de un nuevo Reino. Los apóstoles fueron voluntariamente a la muerte proclamando que habían visto a Jesús resucitado, que predicarían la resurrección pasara lo que pasara, que obedecerían a Dios antes que a los hombres (Hch. 5, 29), que estarían en el templo y en las sinagogas y en las calles y viajarían a todos los rincones de la tierra para decir todas las palabras de esta Vida (Hch. 5, 20).

¡Nuestro Dios no está muerto! dijeron. *¡Está vivo!*

Uno de los resúmenes más magníficos de la resurrección de Jesucristo se encuentra en la Anáfora de San Basilio el Grande, el núcleo de su texto de la Divina Liturgia, que la Iglesia ortodoxa utiliza para el culto eucarístico:

Se entregó a Sí mismo cual rescate de la muerte, en la cual éramos cautivos, vendidos por el pecado. Y habiendo descendido al Hades por medio de la Cruz —para llenarlo todo de Sí— anuló las penas de la muerte. Y al resucitar al tercer día y abrir para toda carne el camino de la resurrección de entre los muertos —puesto que no era posible que la corrupción se apoderase del Origen de la vida— vino a ser Primicia de los que han fallecido, Primogénito de entre los muertos, a fin de que lo sea Él todo siendo el Primero en todo.

Aquel sermón de san Pedro en Pentecostés se refleja allí en las palabras de san Basilio, junto con las de san Pablo (1 Cor. 15, 20; Col. 1, 18) y san Juan (Ap. 1, 5).

El apóstol Pablo lo expresó así:

Porque si no hay resurrección de muertos, tampoco Cristo ha resucitado. Y si Cristo no ha resucitado, vana es nuestra predicación; vana también es la fe de ustedes. Y aun somos hallados falsos testigos de Dios, porque hemos atestiguado de Dios que resucitó a Cristo, al cual no resucitó, si se toma por sentado que los muertos no resucitan. Porque si los muertos no resucitan, tampoco Cristo ha resucitado; y si Cristo no ha resucitado, la fe de ustedes es inútil; todavía están en sus pecados. En tal caso, también los que han dormido en Cristo han perecido. ¡Si solo en esta vida hemos tenido esperanza en Cristo, somos los más miserables de todos los hombres! (1 Cor. 15, 13–19)

Pero *hay* resurrección de los muertos. Cristo *ha* resucitado. Este es el logro final de Jesús: derrotar a su último enemigo, que es la muerte.

¿Cuál es la conclusión aquí? La obra de Jesús consistía en establecer el Reino de Dios, lo que significaba derrotar a tres enemigos: los demonios que dominan a las naciones, el pecado que infecta y adquiere a la humanidad y, finalmente, la propia muerte.

El momento de la resurrección de Cristo se conoce en griego como la *Anástasis*: el Levantamiento. Es más que la resurrección en el sentido de levantarse como del sueño. La palabra griega para esto es *égersis*, que también se utiliza para referirse a la resurrección en la Biblia. *Anástasis* se refiere a levantarse o llamar la atención. Es un término agresivo, casi militar. Incluso podríamos traducirlo como *levantamiento*.

Si entendemos correctamente la derrota de la muerte por parte de Cristo a la luz de todo lo que acabamos de decir, entonces sabemos que el Levantamiento no es simplemente una victoria metafísica que pone fin al efecto físico de la muerte. Más bien, la derrota de la muerte es la destrucción del último poder de los enemigos de Cristo, los demonios. Es en este contexto que leemos del Levantamiento en el Salmo 82, 6–8:

> *Yo les dije: «Ustedes son dioses;*
> *todos ustedes son hijos del Altísimo.*
> *Sin embargo, como un hombre morirán*
> *y caerán como cualquiera de los gobernantes».*
>
> *¡Levántate, oh Dios; juzga la tierra*
> *porque tú poseerás todas las naciones!*

Aquí vemos que Dios, habiéndose levantado para juzgar a los dioses (82, 1), hace justicia a los hijos del Altísimo que se rebelaron contra Él. Ellos «como un hombre morirán y caerán como cualquiera de los gobernantes» porque afligieron a la humanidad (82, 2–5).

Finalmente, esta profecía dada siglos antes del nacimiento de Cristo dice que Su resurrección —el Levantamiento— traerá juicio a la tierra y le devolverá la autoridad sobre las naciones de la que habían abusado los demonios: «¡Levántate, oh Dios; juzga la tierra porque tú poseerás todas las naciones!»

El momento de la resurrección de Cristo es, por tanto, el momento en que se sella la condena de los poderes oscuros. Fue el momento decisivo que cambió el rumbo de la guerra. Cristo gobierna ahora en medio de sus enemigos (Sal. 110, 2). Él los ha derrotado, y ellos han sido derrotados, pero en su retirada se enfurecen y tratan de arrastrar al mayor número posible de nosotros a la destrucción con ellos.

Cuando los cristianos decimos «¡Cristo ha resucitado!» estamos declarando abiertamente nuestra lealtad al vencedor en esta guerra de reconquista al predicar cómo Jesús ha derrotado a sus enemigos. Por lo tanto, el evangelio contiene en su corazón un acto de guerra espiritual.

Ya hemos visto los dos primeros elementos del evangelio de Jesucristo: ¿Quién es Jesús? ¿Qué ha realizado? Ha sido anunciado por sus heraldos, los apóstoles y los profetas, y se le proclama como más grande incluso que César Augusto y como un conquistador que puede vencer a la propia muerte.

Entonces, teniendo en cuenta quién es y lo que ha hecho, ¿qué espera Él de los que escuchan este evangelio?

CAPÍTULO 5

¿Qué espera Jesucristo de nosotros?

Pues este es el amor de Dios: que guardemos sus mandamientos. Y sus mandamientos no son gravosos. (1 Jn. 5, 3)

Hemos analizado con cierto detalle el querido término cristiano *evangelion* en su sentido precristiano y cómo enmarca el evangelio cristiano, señalando que un evangelion tiene tres piezas constitutivas: quién es el gobernante que viene, qué ha logrado y qué espera de los que escuchan el evangelio. Pasamos ahora a esta última parte del contenido del evangelio.

Esta última pieza puede ser iluminada por otra palabra que hoy consideramos esencialmente cristiana: *kérygma*. No es tan familiar para la mayoría como *evangelio*, no obstante, es un término clave en el núcleo de la teología cristiana. El *kérygma* en la teología cristiana se refiere a la proclamación del evangelio. Es el contenido de la predicación. También se ha llegado a entender como el núcleo de la proclamación pública del evangelio y, por tanto, es en cierto sentido sinónimo de *evangelio*.

Pero antes de que *kérygma* adquiriera este estrecho sentido técnico dentro del cristianismo, tenía un uso precristiano y, al igual que *evangelion*, tenía un sentido público e incluso imperial. La propia palabra *kérygma* procede del verbo *kerysso*, que significa «proclamar públicamente». Y el sustantivo *kéryx* denota a la persona que hace esta proclamación, sinónimo de *heraldo*. Así pues, el *kérygma* es lo que proclama el *kéryx*. San Pablo utiliza estos términos muchas veces para referirse a lo que es su tarea como apóstol.

Si un *kéryx* entraba en tu ciudad y te proclamaba un *kérygma*, no era sólo la noticia de la noche. Al tratarse de una proclamación específicamente *pública*, solía implicar una llamada a la acción, incluso una convocatoria. Se esperaba que hicieras algo como resultado de recibir el *kérygma*.

Un *kérygma* puede ser las órdenes militares de un comandante. Puede ser una orden de marcha o una citación para el servicio militar. Puede ser una citación para comparecer ante el emperador o una invitación para asistir a un debate público entre filósofos. Cualquiera que sea su contenido específico, la clave aquí es que un *kérygma* no es sólo una pieza de información, un mensaje de una persona a otra, sino que es más bien específicamente una proclamación *pública*, lo que significa que tiene implicaciones para toda la comunidad.

El carácter público del evangelio contrasta con la forma en que se transmitían muchas religiones en el siglo I, es decir, como una sabiduría secreta que se entregaba sólo a unos pocos dignos. El evangelio era un *kérygma* y, por tanto, no un conocimiento esotérico susurrado por los sacerdotes a sus seguidores más devotos, codificado crípticamente en textos oscuros y difíciles y en un ritual oculto. El evangelio proclamaba la llegada del Rey de reyes, cuyo gobierno se extendía por todo el cosmos, y por eso se proclamaba abiertamente. Y se esperaba que todos respondieran: a todos se les ofrecía la ciudadanía en este reino venidero.

El carácter público de esta proclamación también contrasta con el distorsionado sentido moderno de que el evangelio es una especie de argumento de venta. ¿Por qué? Porque significa que el Reino viene, lo queramos o no. La cuestión no es si cada uno de nosotros encuentra el Reino atractivo o adecuado a sus gustos religiosos, sino si formaremos parte de él o no.

Jesucristo ha vencido a los demonios, al pecado y a la muerte, pero ¿por qué todos ellos nos siguen afligiendo? Es porque esa conquista aún no ha llegado a su plenitud. Cristo ya está reinando aquí en la tierra como Rey, pero «debe reinar hasta que ponga a todos los enemigos bajo sus pies» (1 Cor. 15, 25). Está reinando en medio de sus enemigos (Sal. 110, 2).

Su Reino ha venido, está viniendo, y también no se ha manifestado aun plenamente. La Escritura utiliza este lenguaje, diciendo que el Reino ya ha venido (Mt. 12, 28), está «cerca» (Mt. 3, 10), y también está por venir (Mt. 6, 10). Y eso significa que todavía podemos elegir si nos alineamos con Él o con sus enemigos.

Entonces, ¿qué tenemos que hacer para formar parte de este Reino? ¿Cómo nos alineamos con Cristo? ¿Qué es lo que el Rey anunciado espera de nosotros?

El pacto de fidelidad con Dios

La base para entender lo que Dios espera de nosotros se encuentra de nuevo en el Antiguo Testamento. El término clave es *pacto* (en hebreo, *berít*, y en griego, *diathéke*). Esta palabra se utiliza muchas veces a lo largo de la Escritura, y todos los casos son instructivos para nosotros. Pero veamos en particular el pacto dado a Israel por medio de Moisés, porque es el pacto en el que se basa el pacto del evangelio y que se cumple con él.

Al igual que el evangelio, *pacto* es un concepto que existía en el mundo antiguo y que los escritores bíblicos utilizan para expresar el acuerdo que Dios hizo con Israel. Hablaremos de los Diez Mandamientos y también de algunos pasajes de Deuteronomio y otros más adelante, pero el contexto de estos es el antiguo tratado de suzeranía. Mediante estos tratados, un rey recién ascendido establecía un acuerdo con sus vasallos, con consecuencias tanto para la obediencia como para la desobediencia.

Una copia del tratado se colocaba a los pies del trono del rey para recordarle sus promesas, y otra copia se colocaba junto al ídolo del dios adorado por la comunidad, para reclutar al dios como testigo. En el contexto de Israel, las tablas del pacto se colocaban en el Arca de la Alianza, que era al mismo tiempo el escabel del trono de Dios y el lugar donde se le adoraba. El rey de Israel, una vez que se designaba una, tenía instrucciones de hacer también una copia para sí mismo.

Este pacto se denomina Antiguo Pacto,[14] distinguiéndolo del Nuevo Pacto en Cristo. El Antiguo Pacto también se denomina a veces simplemente *la Ley* (en hebreo, *Torá*) o, a veces, *la Ley y los Profetas*. Sin embargo, esta distinción no significa que la segunda sustituya a la primera. Más bien, el Nuevo Pacto es el *cumplimiento* del Antiguo Pacto. En el periodo del Antiguo Pacto,

---

14 En la mayoría de los idiomas, *Antiguo Pacto* y *Antiguo Testamento* son las mismas palabras (y lo mismo ocurre con *Nuevo Pacto* y *Nuevo Testamento*), pero en nuestro idioma hemos llegado a utilizar *pacto* (o *alianza*) en estas frases para referirnos a la relación con Dios y *testamento* para referirnos al conjunto de textos bíblicos.

se hablaba de él simplemente como *el pacto*, pero algunos profetas, como Joel, Jeremías y Ezequiel, predijeron la llegada de un nuevo pacto. Todo se cumple así en Cristo y con su envío del Espíritu Santo en Pentecostés (Hechos 1).

Este lenguaje de cumplimiento es utilizado por el propio Cristo: «No piensen que he venido para abrogar la Ley o los Profetas. No he venido para abrogar, sino para cumplir» (Mt. 5, 17). La gente a veces lee eso como queriendo decir, efectivamente, «no he venido a destruir, sino que realmente he venido a destruir». Pero *cumplir* no significa *destruir*. Ciertamente hay cambio e incluso transformación, pero no abolición.

¿Por qué es esto importante? Significa que, si hemos de entender el Nuevo Pacto, el Antiguo Pacto sigue siendo muy relevante. *Cumplimiento* en lugar de la *destrucción* significa que Dios no ha cambiado de opinión sobre lo que espera de los que están en su Reino. El Antiguo Pacto sigue vigente, pero ha sido llenado al máximo en el Nuevo.

No vamos a entrar aquí en todos los detalles de la relación entre el Antiguo y el Nuevo Pacto, pero para nuestros propósitos, basta con decir que, en el *kérygma* proclamado por los Apóstoles de Cristo, no hay ningún sentido en el que lo que vino antes de ellos sea ahora abolido. Por el contrario, se transforma en algo superior debido a la venida de Cristo.

El hilo conductor entre el Antiguo y el Nuevo Pacto es el pacto hecho con Abraham, en el que Dios le prometió que su descendencia sería tan numerosa como las arenas del mar y también bendecida como las estrellas del cielo (Gén. 15, 5; 22, 17). ¿Qué significa esto? Los pueblos antiguos entendían que las estrellas estaban estrechamente relacionadas con los seres angélicos, hasta el punto de que, en algunos casos, los paganos las adoraban (Dt. 4, 19). Dios está prometiendo a Abraham que sus descendientes serán como seres angélicos.

¿Y quiénes son los descendientes de Abraham? ¿Son las personas que pueden trazar su genealogía hasta él? No, sólo los que son fieles a Dios son contados como herederos de Abraham (Gál. 3, 7). Incluso en la formación de Israel en el Éxodo, se incluyó a personas que no descendían genealógicamente de Abraham debido a su fidelidad. Una y otra vez, las Escrituras atestiguan que la fidelidad es lo que hace que alguien forme parte del pacto justo de Dios: «el justo por su fidelidad vivirá» (Hab. 2, 4; Rom. 1, 17; Gál. 3, 11; etc.).[15]

Pero, ¿ser parte del pacto no consiste en «tener fe» o simplemente creer? No, requiere una continua acción y lealtad. Como dijo Cristo: «No todo el que me dice "Señor, Señor" entrará en el reino de los cielos, sino el que hace la voluntad de mi Padre que está en los cielos» (Mt. 7, 21). También dijo: «el que persevere hasta el fin, este será salvo» (Mt. 10, 22; 24, 13; Mc. 13, 13).

No es la fidelidad lo que nos mantiene en el pacto de Dios; ni siquiera eso podemos lograr sin su ayuda. Pero es *a través* de nuestra fidelidad que la obra de Dios en nosotros se cumple (Ef. 2, 8). Así, cualquiera puede llegar a ser heredero de las promesas a Abraham si es fiel como él.

---

15 En casi todas las Biblias en español, la palabra *fe* (en griego, *pistis*) aparece en estos y otros pasajes relacionados, pero esta traducción es el resultado de un intento de apelar a la teología protestante, que se centra en la creencia y no en la acción. Sin embargo, está claro por el contexto, e incluso gramaticalmente, que la traducción debería ser *fidelidad*, que implica acción. Asimismo, la palabra que se suele traducir por *creer* es la misma palabra griega que se traduce por *tener fe*, y significa *ser fiel*. La palabra traducida habitualmente como *creyentes* se traduce correctamente como *fieles*.

Cambiando de bando

La vida en el pacto de Dios significa fidelidad a Él. Pero esto no es un curso de acción neutral, ni uno que no tenga oposición. Si mantenemos la fe con Dios, entonces *rompemos la fe* con el otro bando en la guerra que fue lanzada por los seres angélicos rebeldes. Y en esta guerra no hay civiles ni espectadores. No hay terreno neutral. Así, vemos que prestar atención al *kérygma* significa que estamos eligiendo un bando y respondiendo al llamado a la lucha. Elegir un bando significa no sólo estar con el ejército al que se promete lealtad, sino también participar activamente en el combate de ese bando. Los civiles en la guerra humana pueden tratar de mantenerse fuera de peligro, pero en la guerra espiritual, el frente de batalla está en todas partes, por lo que no hay civiles. Todos tienen que tomar las armas. Uno toma las armas contra el otro bando uniéndose a sus camaradas y haciendo lo que ellos hacen. Pero si luchas contra tus camaradas, está claro de qué lado estás. El apóstol Juan describe este conflicto en términos de pecado y justicia:

Todo aquel que comete pecado también infringe la ley, pues el pecado es infracción de la ley. Y ustedes saben que él fue manifestado para quitar los pecados y que en él no hay pecado. Todo aquel que permanece en él no continúa pecando. Todo aquel que sigue pecando no lo ha visto ni le ha conocido. Hijitos, nadie los engañe. El que practica justicia es justo, como él es justo. El que practica el pecado es del diablo, porque el diablo peca desde el principio. Para esto fue manifestado el Hijo de Dios: para deshacer las obras del diablo. Todo aquel que ha nacido de Dios no practica el pecado porque la simiente de Dios permanece en él, y no puede seguir pecando porque ha nacido de Dios. En esto se revelan los hijos de Dios y los hijos del diablo: Todo aquel que no practica justicia no es de Dios, ni tampoco el que no ama a su hermano. (1 Jn. 3,4–10)

Aquí san Juan nos dice que el pecado muestra que alguien es «del diablo». Es decir, el pecado muestra de qué lado estamos, y es del lado de los demonios que, como vimos en el capítulo 2, ejercen dominio sobre nosotros. Sin embargo, el Hijo de Dios vino a la Tierra «para destruir las obras del diablo», como vimos en el capítulo 4.

Así que los dos bandos en la guerra espiritual se definen por el pecado (para los demonios) y la justicia (para Dios).

Podemos hacer las obras del diablo, mostrando que somos sus «hijos», o las obras de Dios, mostrando que somos sus hijos. Es un rasgo común a lo largo de las Escrituras que ser hijo o descendiente de alguien significa hacer sus obras, imitarlo, participar en su vida. Así que podemos elegir entre participar en la vida de Dios o en la pseudovida de los demonios.

Por lo tanto, el Evangelio incluye la expectativa de que los que lo escuchen cambien de bando, abandonando el ejército del diablo y todos los demonios y prometiendo una nueva lealtad al Hijo de Dios, que vino a destruir las obras de los demonios. Cambiamos de bando abandonando el pecado y practicando justicia.

Arrepentimiento: Abandonando lo demoniaco

La proclamación más común del evangelio en las Escrituras es bastante breve: «Arrepiéntanse, porque el reino de los cielos se ha acercado». Este mensaje fue predicado tanto por el propio

Jesucristo (Mt. 4, 17) como por san Juan el Precursor antes de Él (Mt. 3, 2). El arrepentimiento es el medio por el que cambiamos de bando en la guerra. ¿Y cómo lo hacemos?

Pasar del pecado a la justicia no es simplemente una cuestión de dejar de hacer cosas malas. El pecado es fundamentalmente una especie de fuerza demoníaca que nos domina y nos convierte en esclavos demoníacos cuando nos rendimos a él (Jn. 8, 34). Por lo tanto, la justicia es la liberación de la esclavitud del pecado, pero también significa el compromiso con un nuevo amo (Rom. 6, 18). No se puede cambiar de bando en esta guerra sin alistarse realmente del lado de Dios y obedecer sus órdenes de marcha.

La obediencia a los mandamientos de Dios incluye una serie de «no», como las diversas prohibiciones de los Diez Mandamientos (Éx. 20, 1-17): las que se refieren a la idolatría, a jurar por el nombre de Dios, al asesinato, al adulterio, al robo, a la mentira y a la envidia. Alguien que hace estas cosas y no se arrepiente de ellas, está participando con los demonios y uniéndose a su rebelión. (Ese mismo conjunto de mandamientos de Dios también incluye «deberes»: adoración a

Dios y honor a los padres. Discutiremos estos y otros más adelante).

Pero los mandamientos de Dios sobre cómo ser obedientes a Él no se agotan en los mandamientos de Éxodo 20. Él también prohíbe toda inmoralidad sexual, que está vinculada casi en todas partes en las Escrituras con la idolatría. ¿Y por qué? Como vimos anteriormente, la idolatría consiste en complacerse a sí mismo tratando de controlar a los demonios en lugar de ser obediente a Dios. Y todas las formas de inmoralidad sexual son idolátricas. Dios proclamó que las relaciones sexuales son bendecidas sólo dentro del matrimonio entre un hombre y una mujer. Desviarse de eso es seguir nuestros propios deseos y no los de Él.

Y aunque nuestra época en la historia ha escogido ciertas formas de inmoralidad sexual y las ha declarado irreprochables, Dios enumera los actos de fornicación, adulterio, incesto, homosexualidad y bestialidad en la misma categoría en Levítico 18. También identifica tal comportamiento con los paganos que vivían en la tierra donde residía Israel, diciendo que fue por esta razón que la tierra fue «contaminada» y «los vomitó» (18, 24–28).

Sé que este mandamiento es difícil de escuchar en nuestros días, pero ser cristiano, obediente a Dios, de su lado en la guerra, requiere que dejemos de seguir nuestros propios deseos egoístas y empecemos a seguir los deseos de Cristo para nosotros (Mc. 8, 34-35). El arrepentimiento no significa que dejemos de sentir estos deseos. Significa que ahora seguimos a nuestro nuevo Maestro, con Su ayuda dominándonos a nosotros mismos, no persiguiendo todo lo que deseamos sólo porque lo deseamos, aunque lo deseemos muy profundamente. No sólo la inmoralidad sexual constituye un retorno al ejército demoníaco. Oprimir a los débiles y a los pobres también es demoníaco. Dios dijo que vendrá a vindicar a los que los ricos y poderosos oprimen. El Día del Señor (al que se hace referencia en numerosos lugares de la Biblia) verá a Dios trayendo su justicia a la Tierra, lo que significa que hará las cosas bien, levantando a los caídos y abatiendo a los orgullosos e inmisericordes.

Arrepentirse, por lo tanto, es apartarse de estas formas demoníacas de vivir, dejar de participar en las obras demoníacas, y participar, en cambio, en las obras de Dios. La palabra griega utilizada en las Escrituras para arrepentimiento es *metanoia*, y significa un «giro de la mente». Significa poner nuestra mente en Dios y hacer lo que es bueno y no lo que es malo. Entonces, ¿qué es el bien?

Arrepentimiento: Uniéndose a lo angélico

Como vimos antes, Dios dice a los ángeles rebeldes en su juicio sobre ellos: «¿Hasta cuándo juzgarán injustamente y entre los impíos harán distinción de personas? Rescaten al necesitado y al huérfano; hagan justicia al pobre y al indigente. Libren al necesitado y al menesteroso; líbrenlo de la mano de los impíos» (Salmo 82, 2-4). Vemos cómo los demonios son juzgados por Dios por no cumplir el papel angélico que se les ha asignado, que es lo que significa vivir de forma demoníaca. Pero también vemos lo que significa vivir de forma angélica.

Lo que Cristo espera de nosotros es que sigamos la ley del amor y no la del egoísmo. Recibiremos los beneficios de las bendiciones de Dios en el pacto si lo amamos y obedecemos: «Reconoce, pues, que el Señor tu Dios es Dios: Dios fiel que guarda el pacto y la misericordia para con los que lo aman y guardan sus mandamientos, hasta mil generaciones» (Dt. 7, 9). Eso no significa que Dios no nos ame si no lo amamos y obedecemos —Cristo murió por nosotros aun siendo pecadores (Rom. 5, 8)— pero si permanecemos en rebeldía contra Él, no recibimos los beneficios del pacto con el Dios que es amor.

Hacer las obras de Dios significa ser como Él, y Él se ha revelado como amor: «Y nosotros hemos conocido y creído el amor que Dios tiene para con nosotros. Dios es amor. Y el que permanece en el amor permanece en Dios y Dios permanece en él» (1 Jn. 4, 16). En lugar de permanecer en los demonios, por amor permanecemos en Dios. Esos mismos mandamientos dados a Israel incluían los mandatos de adorar a Dios y de honrar a los padres. Sólo Dios recibe la adoración y nuestro más profundo amor, pero nuestros semejantes reciben el honor y el cuidado amoroso de nosotros. Esta misma dinámica aparece en otras partes de la Escritura: «Honren a *todos*; amen a los hermanos; teman a Dios; honren al rey» (1 Pe. 2, 17). También: «Y amarás al Señor tu Dios con todo tu corazón, con toda tu alma y con todas tus fuerzas y con toda tu mente; y a tu prójimo como a ti mismo» (Dt. 6, 5; Lc. 10, 27).

Por encima de todo, amar a Dios significa adorarle. La adoración en las Escrituras se centra en el sacrificio. ¿Y qué es el sacrificio? No se trata de matar animales o simplemente de renunciar a algo. No todos los sacrificios del Antiguo Pacto implicaban animales (algunos incluían bebida, tortas de trigo, etc.), y se puede renunciar a una cosa sin hacer un sacrificio. La pista es que los sacrificios eran siempre en forma de comida. Sacrificar es compartir una comida con tu dios. Todas las religiones antiguas lo practicaban. La comida se ponía en un altar ante el dios. Una parte se entregaba a él, otra a los sacerdotes y otra al pueblo.[16] Al ofrecer y comer el sacrificio, por tanto, la gente daba hospitalidad a su dios y entraba en comunión con él. La comunidad del dios se fusionaba con la del pueblo.

En el sacrificio ofrecido por Cristo y entregado a los cristianos —la Eucaristía— Él nos ofrece hospitalidad y nos hace parte de su propia familia. La Eucaristía es el corazón mismo del Nuevo

---

16 También hay otros tipos de sacrificios, como las ofrendas quemadas y el incienso, pero eso queda fuera de mi punto acá. No obstante, cumplen una función similar, aunque se trata más bien de una purificación mediante el contacto con Dios.

Pacto y constituye la base de nuestra relación con Dios.[17] Nos convertimos así en hijos de Dios, «iguales a los ángeles» (Lc. 20, 36)[18] que forman parte de su casa real. Amar a Dios significa, por encima de todo, devoción a la adoración, pero también a la oración, a la limosna, a la alabanza, a la búsqueda de Él en todos los ámbitos de nuestra vida, dedicándoselo todo.

También nosotros estamos llamados a amar y honrar a los demás. Si los demonios buscan destruir y enfrentar a los humanos entre sí, los seres angélicos fieles a Dios hacen lo contrario. Construyen, reconcilian y unen. En el evangelio estamos llamados a vivir como ellos. A los ángeles se les dio el reinado sobre la creación para ayudar a mantenerla y desarrollarla, y se les dio la tutela sobre los seres humanos para vigilarlos, cuidarlos y atraerlos hacia Dios. Los seres humanos, fieles al pacto de Dios, hacen lo mismo, viviendo de forma abnegada y llevando la sanidad y la creatividad a donde sea que van. Es un retorno a la

---

17 Mt. 26, 28; Mc. 14, 24; Lc. 22, 20; 1 Cor. 11, 25; Heb. 12, 24; 13, 20.

18 «Hijos de Dios» es un rango de ángeles (que no tienen género) y no excluye en absoluto a las mujeres.

misión que Dios nos encomendó al principio de la creación.

¿Parece esto imposible? Ciertamente es muy difícil, y nadie lo cumple a la perfección. Pero lo que es imposible para los humanos por sí mismos, es posible para Dios (Mt. 19, 26). Y también es fundamental recordar esto: Cuando fallamos (y lo hacemos y lo haremos, una y otra vez), confesamos nuestros pecados y volvemos a la fidelidad a Dios, y Él limpiará el pecado de nosotros y nos devolverá a la justicia (1 Jn. 1, 9).

En las antiguas sociedades paganas, el perdón de los dioses simplemente no era una opción. Lo que se obtenía a cambio de traicionarlos era la venganza o la exigencia de apaciguamiento. Sólo Dios ofrece el perdón. Si nos arrepentimos —volviendo a Él una vez más— nos perdonará, restaurará y sanará. El perdón está siempre disponible, pero no es automático.

El mandamiento de «Sean, pues, ustedes perfectos, como su Padre que está en los cielos es perfecto» (Mt. 5, 48) también incluye instrucciones sobre cómo llegar a serlo: amar a los enemigos, ser misericordioso, ser honesto, etc. Y también incluye la posibilidad de arrepentirse. Además, el Espíritu Santo —Dios mismo— nos es dado como un don para permitirnos hacer todas estas cosas.

Ya he dicho que el arrepentimiento significa vivir la vida angélica. Esta descripción no es una mera metáfora, como hemos visto: la promesa de Dios a Abraham fue que sus herederos serían como los ángeles. En la sección inicial de Mateo 5, el capítulo que concluye con el mandato de «sean, pues, ustedes perfectos», recibimos lo que se llama las Bienaventuranzas (Mt. 5, 1-12). Cada una de estas líneas pronuncia una bendición sobre una de las diversas formas de ser fiel: Bienaventurados los pobres de espíritu, bienaventurados los que lloran, bienaventurados los mansos y misericordiosos, etc.

Bajo la traducción *bienaventurados* en nuestro idioma se esconde la palabra griega *makarios*. No se trata de la palabra habitual, *evlogetós*, que significa literalmente «bendecido» (como cuando se pronuncia una bendición sobre uno). *Makarios* es una palabra del mundo antiguo que se refiere a la vida dichosa de los dioses en su reino celestial. También se utiliza en la Escritura para referirse a la alegría, la gloria, la felicidad, la unidad y el amor que los ángeles fieles comparten con Dios. Así, la parte de la oración del Señor que pide que se haga su voluntad «en la tierra como en el cielo» es precisamente una oración para que Él extienda esta misma felicidad dichosa a los que están en la tierra.

Por lo tanto, alejarse de actuar como demonios y acercarse a actuar como ángeles, alejarse de una vida infernal y acercarse a la celestial, es el proyecto de ser cristiano en esta vida. Es lo que el evangelio incluye como expectativa de los que formarán parte del pacto del Rey que viene.

CAPÍTULO 6

Respondiendo al evangelio

*Desde entonces Jesús comenzó a predicar
y a decir: «¡Arrepiéntanse, porque el reino
de los cielos se ha acercado!» (Mt. 4, 17)*

Al principio de este libro, dije que el evangelio no era la respuesta a la pregunta: «¿Qué debo hacer para ser salvo?». Más bien, el evangelio es la proclamación de la victoria de Cristo sobre sus enemigos, lo que implica tres puntos: quién es Él, qué logró y qué espera de nosotros. También podríamos describir el evangelio como una advertencia: el Reino de Dios está cerca, así que será mejor que te arrepientas.

Pero si alguien cree en el evangelio y está dispuesto a responder a él, ¿qué hace? ¿Y qué ocurre cuando responde? ¿De qué se salva? ¿Qué significa que alguien entre a formar parte del Reino de Dios? Estas preguntas son las que abordará este último capítulo. En primer lugar, abordaré *de* qué se salvan los que se arrepienten.

¿Salvos de qué?

Para entender las respuestas a estas preguntas, tenemos que volver al punto de partida: una guerra espiritual está en progreso. Algunos de los ejércitos celestiales de Dios se rebelaron contra Él y se convirtieron en lo que llamamos demonios o ángeles caídos. Los que permanecieron obedientes a Él están luchando contra los que se rebelaron. Y Dios mismo ha entrado en la lucha y ha expulsado a los que se rebelaron.

¿Qué tiene eso que ver con nosotros? Ya hemos visto que vivimos nuestras vidas participando en el ejército demoníaco o en el angélico. Alguien que cree en el evangelio quiere unirse al ejército angélico. ¿Pero qué pasa con alguien que está del lado de los demonios?

Al final, cuando llegue el Día del Señor y Cristo vuelva a manifestarse abiertamente, restablecerá la justicia. Eso significa que todo se arreglará. Todas las obras de los demonios serán deshechas, y su rebelión los coloca fuera del pacto con Dios. No estarán en el Reino.

Te preguntarás: ¿Por qué no tienen otra oportunidad? Es difícil de entender para nosotros, ya que no podemos saber realmente lo que significa ser un demonio rebelde. Pero sí sabemos, por las Escrituras y por la tradición cristiana posterior, que ni siquiera *quieren* otra oportunidad. Su rebeldía está tan cristalizada que la bondad y el amor de Dios es algo que simplemente no desean. Y ni siquiera son capaces de cambiar de opinión, porque cambiar de opinión sólo es posible para aquellos que son capaces de arrepentirse.

Ya he señalado que Dios dio la mortalidad a los humanos para que pudieran arrepentirse. No se la dio a los demonios. Ellos son inmortales en su rebelión. ¿Por qué es importante para nosotros?

Importa porque, si elegimos participar en las obras de los demonios, no sólo nos convertimos en ellos, sino que también sufriremos su destino. La oportunidad que Dios nos da para arrepentirnos está dentro de los límites de esta vida mortal. Una vez que ya no tengamos cuerpos mortales

—despés de la muerte física y aún más después de la resurrección universal— *no seremos capaces de arrepentirnos*. Estaremos cristalizados en la rebelión o en la obediencia.

Por eso, santos como Isaac el Sirio decían: «Esta vida se nos ha dado para el arrepentimiento. No la desperdicies en vanos afanes». Esta vida es nuestra oportunidad.

Así que esto es lo que significa ser «salvo». Aquellos que creen en el evangelio y se arrepienten están siendo salvados de vivir por toda la eternidad fuera del Reino de Dios. Es difícil decir cómo es eso, pero con todas las imágenes que se dan en las Escrituras, es horroroso incluso imaginarlo. Creo que el mejor término, sin embargo, es probablemente el de *locura*. Si el Reino de Dios es todo lo que se ha arreglado y puesto en orden, entonces los que están fuera de él se encuentran en el estado opuesto.

¿Qué sucede cuando alguien es salvo?

Acabamos de ver lo que ocurre cuando alguien se une al bando perdedor en esta gran guerra espiritual. Pero, ¿qué sucede cuando alguien se une a los vencedores y permanece fiel?

Para entenderlo, tenemos que saber cómo es realmente la vida angélica. La gente suele tener una imagen de los ángeles muy limitada e incluso a veces algo «bonita». En primer lugar, olvídate de los bebés gordos con alas. Y olvídate de las mujeres rubias brillantes y sentimentales de las tarjetas de felicitación. Los ángeles en la Escritura invocan temor, miedo, exultación y glorificación de Dios en el canto. Y eso es sólo los de rango inferior que tratan directamente con la humanidad.

Los ángeles de mayor rango que custodian el trono de Dios —los querubines y los serafines— son extraños y totalmente aterradores. Las antiguas visiones de estos seres los describen como esfinges, como grifos, como serpientes, como extrañas criaturas de múltiples alas y ojos que rodean el trono del Altísimo.

Algunos de estos ángeles son encargados por Dios de oponerse y resistir directamente a las huestes demoníacas. Está escrito, por ejemplo, que san Miguel, el gran arcángel, expulsó de la presencia de Dios al demonio dracónico, el Satán (Ap. 12, 7–9).

Pero también hay seres angélicos a los que se les da el cuidado del sol, la luna y las estrellas, de los vientos y los mares, de todos los aspectos de la creación. A algunos se les asigna la vigilancia y la guía de las naciones. Y algunos son asignados a las iglesias, a las ciudades, a los monasterios, e incluso a las personas individuales. Son los cuidadores y administradores de este vasto cosmos, incluidos nosotros. Los ángeles no tienen cuerpos materiales como nosotros, sino que son vastas inteligencias cósmicas cuya existencia está más allá de nuestra comprensión. Sin embargo, siguen siendo seres creados y no deben ser adorados. Son las gloriosas huestes del cielo.

Estas huestes celestiales se describen en la Escritura como la asamblea divina de Dios, como en el Salmo 82, 1: «Dios está de pie en la asamblea divina». Por lo tanto, Dios también es llamado «Dios de los dioses» y «Señor de los señores» en muchos lugares. Es el Señor de los ejércitos, el Señor de los espíritus. Y ninguno de estos dioses (las huestes celestiales) es como Él o digno de adoración. Pero todos ellos participan en Sus obras y así llegan a ser como Él en una relación de amor sin fin.

Es esta asamblea divina a la que los seres humanos están invitados. Estas huestes celestiales que asisten a Dios, que cumplen su voluntad, que participan en su gloria y en su vida, representan el destino de la humanidad, la promesa dada a Abraham de que su descendencia sería como las estrellas.

Cuando alguien pasa a formar parte de la asamblea divina, no se convierte en un ser angélico en el sentido de transformarse en alguna otra especie. Los humanos siguen siendo humanos por naturaleza. Pero asumen el mismo modo de ser que tienen los ángeles, participando en el amor y la gloria de Dios por medio de la adopción como hijos de Dios, iguales a los ángeles, como dijo el propio Jesús (Lc. 20, 36).

Esta experiencia se llama *theosis*, una palabra que puede traducirse como «divinización» o «deificación». La palabra se refiere a esta adopción en la familia real y el sacerdocio de Dios. Los fieles participan en su vida, en sus obras, en Él, y así llegan a ser como Él, creciendo hasta la estatura de la plenitud de Cristo (Ef. 4, 13). Antes de la época de Cristo, esto era posible en parte a través de la obediencia a Dios, pero con el advenimiento de Cristo, las puertas de esta participación están ahora verdaderamente abiertas.

Y estando en Él, los fieles se convierten en su Cuerpo, lo que significa que funcionan como sus poderes e influyen y trabajan en este mundo, al igual que los ángeles. Es la obra y el poder de Dios, pero se realiza en y a través de los fieles. Por eso, por ejemplo, la madre de Jesucristo, la Virgen María, es llamada por la Iglesia «más honorable que los querubines y más gloriosa que los serafines». Por su participación en la obra de la encarnación de Dios, ha superado la gloria incluso de los guardianes que están junto al trono de Dios.

Esta imagen debería disipar cualquier idea de que el cielo es «aburrido» (ángeles sentados en las nubes tocando el arpa) o una especie de complejo vacacional sentimental para los éticos como recompensa por su buen comportamiento. No, en el Reino de Dios los fieles «serán sacerdotes de Dios y de Cristo, y reinarán con él» (Ap. 20, 6). Los salvos de la rebelión demoníaca no se limitan a ir a algún «buen lugar», sino que se incorporan a las huestes celestiales del Dios Altísimo.

¿Qué debo hacer para ser salvo?

Finalmente llegamos a la pregunta: «¿Qué debo hacer para ser salvo?». La respuesta no es fácil, pero es sencilla: Arrepentirse, bautizarse y luego permanecer fiel.

Hemos examinado lo que significa arrepentirse. Significa no sólo dejar de comportarse de forma demoníaca al pecar, sino comenzar a comportarse de forma angélica al actuar con justicia. Ahora que hemos visto más claramente lo que implica la vida angélica, espero que la palabra *angélica* tenga un gran peso de responsabilidad y gloria para ti. Debemos dejar clara una cosa: *no podemos* arrepentirnos y seguir empeñados en vivir en pecado, en ignorar los mandamientos de Dios, en perseguir nuestros propios deseos en lugar de los suyos. Esa es la rebelión demoníaca, el espíritu que dice: «No es tu voluntad, Dios, sino la mía». Arrepentirse y volverse hacia Cristo significa romper definitivamente con esa lealtad demoníaca. No significa que no volveremos a caer —lo haremos—, sino que nos comprometemos a levantarnos cada vez que caigamos.

Una vez hecho ese compromiso, la persona arrepentida se acerca a la Iglesia[19] para prepararse

---

19 Como cristiano ortodoxo, creo y enseño que la Iglesia es precisamente la Iglesia ortodoxa. Si le interesa saber cómo se compara la Iglesia ortodoxa con otros grupos cristianos y no cristianos, vea mi libro *Orthodoxy and Heterodoxy: Finding the Way to Christ in a Complicated Religious Landscape* (Ancient Faith Publishing, 2017). Allí también hablo de cómo los cristianos ortodoxos

para el bautismo[20] poniéndose en contacto con el párroco local y haciendo lo que éste le indique. Después de un período de catequesis (instrucción en todo lo que necesita saber para vivir como cristiano), se bautiza y comienza a recibir todos los demás santos misterios (sacramentos) de la Iglesia según corresponda, especialmente la Eucaristía y la confesión regular.

Participar en estos santos misterios, crecer continuamente en el arrepentimiento (incluyendo la formación ascética bajo la dirección de un pastor de almas experimentado), vivir la vida angélica tanto como sea posible mientras se está en este mundo: esto es lo que significa ser uno de los fieles. Y permanecer fieles es fundamental para nuestra salvación. No podemos ser fieles durante un tiempo y luego abandonar a Cristo y

---

han entendido tradicionalmente el estatus de los no ortodoxos.

20 No me detendré aquí sobre las diversas maneras en que alguien puede ser recibido en la Iglesia dependiendo de su experiencia religiosa previa. El bautismo es la forma normal para los no bautizados. Para aquellos que un obispo local determine que ya han sido bautizados, puede decretar otros métodos de acuerdo con las tradiciones históricas y canónicas de la Iglesia.

seguir esperando que nuestra fidelidad anterior nos mantenga unidos a Él.

Tampoco podemos ser fieles entrando en la Iglesia y esperando que cambie sus enseñanzas o resistiendo desafiantemente al arrepentimiento. Una cosa es luchar por ser obediente —todos lo hacemos—, pero otra es tomar la decisión de desobedecer. La fidelidad significa hacer la libre elección, una y otra vez, de ser obedientes a los mandamientos de Dios, y volver a la obediencia cada vez que fallamos.

Ser fieles no significa que nos ganemos la salvación; ¿cómo podríamos ganarnos la vida entre las huestes celestiales? Pero es lo que se necesita para permanecer en el Reino de Cristo. Es lo mismo que la fidelidad en un matrimonio: no se hace o se deshace en un solo acto o cumpliendo un solo requisito. Se vive y se alimenta y, por tanto, crece y se profundiza.

Y no desesperamos, aunque seamos pecadores, porque Dios nos ha dado este gran don, el don del arrepentimiento, el don de volver a Él una y otra vez. Le amamos, y por eso guardamos sus mandamientos.

El arrepentimiento es la cosa más grande jamás realizada por una persona humana, por lo que sólo ocurre con la ayuda de Dios. No hay llamada más alta, ni hazaña más grande, que volver a Dios. Es un acto más grande que escalar cualquier montaña, curar cualquier enfermedad corporal, conquistar cualquier reino, crear cualquier obra maestra.

Arrepentirse es curarse de la peor enfermedad que jamás haya infectado a la humanidad: el pecado. Arrepentirse es conquistar lo que no se ha conquistado en muchos: el amor a uno mismo por encima de los demás, una obsesión inspirada por los demonios. Arrepentirse es un acto de exorcismo.

Arrepentirse es llegar a ser lo que Dios ha hecho que seamos, los hijos de Dios, para estar entre las huestes celestiales. Arrepentirse es convertirse en la obra completa de la creatividad del propio Creador grande y altísimo.

Los que se arrepienten llegan a ser como las estrellas de los cielos, y así encendidos, cantan con ellas la gloria de Dios para siempre.

El evangelio: poder de Dios

Comencé este pequeño libro hablando de la palabra griega *evangelion*. Para terminar, quiero resaltar un punto de cardinal importancia a la luz de nuestra discusión a lo largo de este libro: el evangelio es una *palabra de poder*.

Sí, el evangelio es una narrativa, una historia que define lo que significa ser cristiano al decirnos quién es Cristo, lo que hizo y lo que espera de nosotros. Pero también es una palabra de poder que exige nuestra atención y sirve de advertencia a los demonios que se han convertido en enemigos de Dios.

El Sábado Santo, el día anterior a la Pascua, cuando la Iglesia celebra nuestra participación anual en la resurrección de Cristo, cantamos: «¡Levántate, oh Dios, juzga la tierra! Porque tú posees todas las naciones». La derrota de la rebelión ha comenzado, y la autoridad de Dios sobre toda la tierra se renueva.

Dios se ha levantado, y sus enemigos se dispersan porque están siendo juzgados por Él. A ellos se oponen las huestes angélicas, los hijos de Dios, que con el poder de Cristo los están expulsando en un acto cósmico de exorcismo. Y nosotros estamos invitados a unirnos a ellos.

Y así es como hoy comenzamos, emprendiendo esta gran búsqueda para recibir el mayor don, para aprender a decir «No se haga mi

voluntad, sino la tuya», para aprender a ser hijos
de Dios.

Por cuanto nuestro evangelio no
llegó a ustedes solo en palabras, sino también
en poder y en el Espíritu Santo,
y en plena convicción.
(1 Tes. 1, 5)

Agradecimientos

Hay cuatro personas a las que debo un agradecimiento especial por lo que se ha incluido en este libro. Primera y segunda, mis padres, Bill y la difunta Sandy Damick, me formaron en el amor a Jesucristo. Me enseñaron, tanto de palabra como de obra, que Cristo y su evangelio son lo que más importa y, de hecho, lo único que verdaderamente importa. Lo que me dieron no fue un argumento de venta, sino una manera de creer y de vivir que realmente me mostró que el evangelio es el poder mismo de Dios (Rom. 1:16). Mi madre terminó su vida hablando de todas las bendiciones que Dios le había dado, incluso mientras moría intempestivamente (a nuestros ojos) de cáncer cerebral, convirtiéndose en una proclamación del evangelio incluso en su muerte. Ella dijo que Dios nos ha dado a cada uno de nosotros algo que hacer, si sólo escucháramos.

La tercera persona es Su Eminencia, el Arzobispo Michael (Dahulich), que fue mi decano, profesor y confesor durante mis estudios en el *St. Tikhon's Seminary*. Le estoy agradecido por su amistad y su orientación, pero sobre todo por haberme enseñado el modelo básico del mensaje del evangelio en tres puntos, que he adaptado un poco aquí y le he dado algunos énfasis diferentes.

El cuarto es mi amigo y colaborador, el Rev. Dr. Stephen De Young, cuya erudición bíblica me abre tantas puertas que apenas puedo contarlas. Además de sus críticas a este manuscrito, hay tanto en este libro, tanto en contenido como en forma, que debe a su trabajo que casi podría considerarlo como coautor. Estoy especialmente en deuda con su trabajo en el blog *The Whole Counsel of God* y también con el manuscrito que leí de *Religion of the Apostles*, así como con nuestras numerosas conversaciones en el podcast *Lord of Spirits*. En lugar de poner notas a pie de página en todas partes, señalaré aquí que, con su permiso, me basé en gran medida en el material que se convirtió en *Religion of the Apostles* (Ancient Faith Publishing, 2021), y recomiendo ese libro para un tratamiento más completo de muchos de los temas que introduzco en este volumen.

Dicho esto, aunque no he plagiado a nadie, no me disculpo por no ser original. Si hay algo en lo que uno no quiere ser original, es en el evangelio. Pero espero que mi forma particular de comunicarlo sea efectiva.

También agradezco a las demás personas que revisaron el manuscrito de este libro y aportaron valiosos comentarios y correcciones: el equipo de *Ancient Faith Publishing*, que creyó conmigo en este libro y le dio el pulido necesario, así como el P. Anthony Cook, el P. Paul Hodge, el P. Anthony Perkins, el P. Alexandros Petrides, el protodiácono David Keim, Katherine Psaropoulou Brits, Ben Cabe, Jonathan Jackson, Matthew Namee y Richard Rohlin.

Por último, quiero decir algo sobre (y para) mi hija Evangelia, a quien está dedicado este libro. Espero que lo lea. A ella le dedico realmente esta obra, es decir, ella es la primera por la que escribo estas cosas. Mis propios padres me dieron el mayor regalo —Jesucristo— y si puedo dar ese mismo regalo a mi primogénita, que se llama así por el mismo evangelio, entonces puedo considerarme cristiano y padre.

Amo a todos mis hijos y les encomiendo este mismo don a todos por igual, pero Evangelia, por la gracia de Dios, siempre serás la primera. Procura, hija mía, que tú también seas la primera en dar este don del *evangelion*. Es tu herencia y tu derecho de nacimiento. Que tu nombre y tu vida proclamen abiertamente esta gran noticia a todos los que te conocen.

El Reverendísimo Arcipreste Andrew Stephen Damick es director general de contenido para Ancient Faith Ministries. Ordenado para la Arquidiócesis Cristiana Ortodoxa Antioquena de Norteamérica, sirvió anteriormente como párroco de la Iglesia Ortodoxa de San Pablo en Emmaus, Pensilvania, EE. UU. (2009–2020). Es autor de múltiples libros publicados por Ancient Faith Publishing: *Orthodoxy and Heterodoxy, An Introduction to God* y *Bearing God.* así como anfitrión o coanfitrión de varios pódcast en Ancient Faith Radio. Reside en Emmaus con su esposa, *Khouria* Nicole, y sus hijos.

Esperamos que haya disfrutado y se haya beneficiado de este libro. Su apoyo financiero hace posible que nuestro ministerio sin fines de lucro continúe tanto impreso como en la web. Ya que los ingresos de nuestras ventas de libros solo cubren en parte el costo de operaciones de **Ancient Faith Publishing** y **Ancient Faith Radio**, apreciamos profundamente la generosidad de nuestros lectores y oyentes. Sus donaciones son deducibles de impuestos en los Estados Unidos, y pueden hacerse a través de **www.ancientfaith.com**.

Para ver nuestras otras publicaciones, visite nuestro sitio web:

store.ancientfaith.com

Trayéndote música, lecturas, oraciones, enseñanzas y transmisiones cristianas ortodoxas 24 horas al día desde 2004 a través de

www.ancientfaith.com